JN104046

1万人を面接した
元・外資人事部長が教える

英文履歴書の
書き方・
英語面接の
受け方

鈴木美加子

Successful resume
writing &
job interviews
in English

日本実業出版社

はじめに

　この本を手に取ってくださったあなたは、すでに転職活動中でしょうか。初めての外資系への転職は、わからないことが多く戸惑っているかもしれません。

　あなたが転職経験者でも、もっと採用担当者にアピールするにはどうしたらよいか迷っているかもしれませんね。

　私がこの本を執筆した理由は、外資系企業の人事生活25年で１万人以上の候補者にお目にかかった経験から、英文履歴書（レジュメ）の書き方や、面接での自分の見せ方が惜しい人が多く、もったいないと感じたからです。

　英語圏はアサーティブをよしとするので、嘘をついてはいけないけれど、自分に100の実力があったら、それを110や120に見せることは、とても重要です。

　また英文履歴書には、特有のレイアウトや言い回しもあります。この本から必要なエッセンスを学んで、英語での転職活動に成功してほしいと心から願います。

　本書の特徴は、人事で実際に採用をしていた目線から、履歴書の書き方等を解説しているところです。

　例えば、英文履歴書をなぜこう書いてはいけないのか、面接でこんな質問をされたら採用担当者の意図はこうですよ、と裏舞台を開示しています。

　本書は、２部構成になっています。

　第１部は「準備・応募編」として、主に英文履歴書の書き方について解説しています。第２部は「面接・オファー承諾編」で、英語面接の際

の注意点、質問しておくべきことなどを解説します。

例えば、第1部の3章「ダメな英文履歴書から魅せる履歴書へ〈改善の事例〉」では、改善したほうがよい「Before」の英文履歴書と、どこをどのような理由で改善すべきかの解説、さらに実際に改善をした「After」の英文履歴書を6パターン掲載しています。所属部署に関係なく、採用担当者が見ているポイントを理解できるはずです。

英文履歴書の書き方についての書籍は他にもありますが、そのほとんどには多くの英文サンプルが掲載されていることが多いようです。しかし、ネットがこれだけ発達している現代、英文履歴書のサンプル文章は検索すればすぐに出てきます。サンプルと自分の実際の職務内容は当然違うので、そこは英語力が試されます。

また、そうは言ってもレイアウトなどの確認もしたいので、サンプルが見たい方のために、第4章の付録として職種別の英文履歴書のサンプルを9パターン載せていますので、参考にしてください。

英文レジュメ作成のポイントには、文章の左揃えをキチンとするとか、「・」「-」などの記号は統一させて1種類だけを使うなど、実用的なノウハウを詰め込みました。今、英文履歴書を書く必要がある方がすぐに、効果的な内容の文書を作成できるようにしました。

書類選考を通ったら、面接です。

外資では採用担当が日本人、候補者も日本人の場合でも、途中で英語力を試すために突然会話が英語に切り替わることがあります。英語での面接に慣れないうちは、前もって質問を想定して準備をしておくと精神的に楽なはずです。

第2部では、よく聞かれる質問と、それらの質問に隠された採用担当者の意図を挙げています。

例えば「事前に履歴書を渡しているのに、面接の冒頭で自己紹介させ

られるのは失礼だ」などと候補者がSNSでつぶやいているのを見かけることがあります。

　ですが、採用担当者の意図はこうなのです。担当者があなたの目を見て話を聞いているなら、あなたの地頭のよさを見極めようとしています。担当者が英文履歴書に視線を走らせながら聞いているようなら、残念ながらまだ履歴書をちゃんと読んでいないというサインです。

　意図が理解できると備えも楽になります。サンプルの質問にはそれぞれ、候補者として理想的な返答の例と理由が書かれています。

　日本人の候補者はおとなしいことが多く、面接の最後に「何か質問はありますか？」と聞いても何も聞かない人が多いです。ここで気の利いた質問をすると自分をアピールできますし、質問の答えから企業文化もうかがい知れるので、ぜひ質問をしましょう。

　そのため、人事の視点からお勧めしたい質問と、「採用担当者の答えがこうだったら安心、逆にこんな風に返ってきたらリスクがあるかもしれないから、慎重に観察・検討したほうがよい」という質問を紹介・解説しています。

　面接は、あなたと企業とのお見合いです。じっくり見たほうがよいのは採用する側だけでなく、採用される候補者も同じです。

　この本が、あなたの外資系企業への転職活動の助けとなるよう祈っています。それでは、本書を読み終わったあと、「おわりに」で皆さんとの再会を楽しみにしています。

　2020年4月

鈴木美加子

1万人を面接した元・外資人事部長が教える
英文履歴書の書き方・英語面接の受け方
もくじ

はじめに

第**1**部　準備・応募編

第1章

外資系企業への応募の準備

外資系で求められる人物像 ················· 012

1 自分の強み・個性を理解している　013

2 自己PR力がある　014

3 ロジカル思考　015

和文の履歴書と何が違う？ ················· 016

1 英文履歴書はフリーフォーマット　016

2 「カバーレター」が存在する　016

3 書く必要のない項目がある　017

4 直近から遡って記載する　018

5 有利になることはすべて書く　019

コラム　アルバイトやボランティア活動、インターンシップを
履歴書に載せる？　020

第2章

「英文履歴書」作成のポイント

10万通のレジュメをスクリーニングして
わかった７つのコツ

.... 022

1 内容は求人ごとに微調整する　023

2 ファイルの日付にも注意　026

3 応募職種に関係ない実績は削除する　027

4 最優先事項は読みやすさ　028

5 適切な長さはＡ４用紙で２枚　032

6 ブランクが多い場合は年度で記載　033

7 履歴書の郵送はしない　035

8 スピードが勝負。即レスが基本　035

英文履歴書を構成する項目と書き方のポイント
················· 036

1 個人情報（Personal Information）　036

2 経歴のまとめ（Summary）　038

3 強み（Key Strengths）　040

4 職歴（Work Experience）　043

5 学歴（Education）　048

6 語学力（Language Skills）　048

7 資格（Qualification）　050

8 趣味（Interests）　050

9 推薦人（References）　051

第3章

ダメな英文履歴書から魅せる履歴書へ〈改善の事例〉

コラム SNSは転職活動にとって重要　055

CASE1 職歴の順番が違う 056

[CASE1] の履歴書の改善ポイント　060

1 職歴の時系列は現職から過去へ　060

2 表にまとめない　060

3 職歴は勤務地ではなく、役職で分ける　060

4 職歴は「月」まで記載する　061

CASE2 職歴に軸がなく専門分野が不明 064

[CASE2] の履歴書の改善ポイント　068

1 専門分野がわかりにくい　068

2 SummaryとKey Strengthsがない　068

3 長い職歴は直近を厚く、新卒直後は薄く　069

CASE3 インパクトの不足 072

[CASE3] の履歴書の改善ポイント　076

1 Key Strengths（強み）がない　076

2 職務内容の書き方　076

3 英語力の表記方法　077

CASE4 誤字脱字の存在 080

[CASE4] の履歴書の改善ポイント　084

1 誤字を見直す　084

2 文章の出だしの位置を揃える　084

3 使用する記号を統一する　085

4 ボリュームが足りないならデザインで工夫する　085

CASE5 定量的な説明の不足 088

[CASE5] の履歴書の改善ポイント　092

1 成績の数字を記入する　092

2 定量的に表現できることは数字を書く　092

3 表記を揃える　093

CASE6 職歴にブランクがある 096

[CASE6] の履歴書の改善ポイント　100

1 職歴やブランクの見せ方に工夫が必要　100

2 職務内容は同じ表記にならないように　101

コラム　英文履歴書を"盛る"とは　104

第4章

英文履歴書送付に必要な準備

転職活動を始める前に「3種の神器」を決める 106

1 メールアドレス・件名・ファイル名が「3種の神器」　106

2 急ぎで履歴書が必要になる2つのケース　107

3 お勧めのメールアドレス3種　108

カバーレターの作成 110

1 カバーレターは不要?　110

2 面接官がカバーレターに注目するとき　111

3 書くのであれば熱意を込める　112

付録:職種別・英文履歴書サンプル 118

コラム　50の壁　154

第2部　面接・オファー承諾編

第5章

外資系企業の面接に備える

日本企業の面接と違う点 ………………………………………… 156

1 ドレスコードは神経質にならなくてOK　156
2 面接の基本は「1対1」　158
3 基本的に敬語を使う　160
4 面接当日の動きと流れ　161

どのくらいの英語力が必要か ………………………………… 163

1 以前は「上司が誰か」によるので単純だった　163
2 役職や部門によって変わる英語力　164
3 面接でスタッカート英語は避ける　166

コラム　「読む・書く・話す・聞く」どの能力から伸ばすべき？　167

コラム　国際電話で恐怖の面接！　168

第6章

これが受かる面接のコツ！

外資ならではの面接ポイント ………………………………… 170

1 遅刻は挽回できない致命的なミス　170
2 携帯は眠らせる　170
3 面接官とアイコンタクトを取る　171
4 うなずき過ぎない　172
5 自己紹介で地頭力を判断される　173

1万人を面接した元・人事部長が教える
7つの面接のコツ

················· 175

1 書いたことはすべて答えられるように　175
2 質問には意図がある　176
3 面接に落ちたかどうかはわかる？　178
4 とにかく「即戦力」をアピールする　178
5 面接官が圧迫面接を仕掛けてきたら　179
6 オープニングで笑顔を繰り出す　180
7 「候補者のハッタリを見破る方法」を逆手に取る　181

第7章

よく聞かれる質問と模範的回答

よく聞かれる15の質問　質問意図と答え方

··············· 184

1 経歴について　184
2 志望動機について　187
3 転職回数について　189
4 仕事内容について　192
5 長所と短所について　194
6 最大の功績について　195
7 失敗談について　197
8 面接先のイメージについて　199
9 リーダーシップスタイルについて　199
10 将来のプランについて　201
11 現在の年収について　202
12 残業について　203
13 結婚している女性への質問　204
14 出社可能日について　206
15 他に面接を受けている企業はあるか　207

第8章

候補者だって質問しよう

1 求人ポジションについての質問　210
2 適性・評価についての質問　216
3 競合についての質問　220

第9章

面接後にすべきこと

お礼メールを本命企業に送る ……………………………………… 224

返事はどのくらいで届く？ ……………………………………… 227

1 内定をめぐる駆け引き　227
2 職場を見せてもらう　229
3 一緒に働く人に会わせてもらう　229

第10章

企業文化の見極め方

1 面接はお見合い　232
2 企業の規模によって変わる企業文化　233
3 成熟度によっても変わる企業文化　235
4 企業が人材に求めるスピードは落とし穴　237
5 ポジションが置かれた状況を把握する　239
6 情報収集のための3つの方法　240

おわりに

カバーデザイン／志岐デザイン事務所（萩原睦）
本文DTP／一企画

第**1**章

外資系企業への
応募の準備

外資系で求められる人物像

　あなたは「外資系企業の特徴は？」と聞かれたとき、どのようなイメージを持つでしょうか？

　多くの人が「終身雇用ではない」ことを思い浮かべるかもしれません。

　現在は日本企業でも、終身雇用にこだわっているところは少なくなってきているようですが、最初から終身雇用ではないことが明確に見えている外資系企業と、「頭では違うとわかっているけれど、これまでがそうだったから日本企業はなんとなく終身まで大丈夫な気がする」とでは雲泥の差です。

　終身雇用ではないことが具体的に何を意味するかと言えば、キャリア形成の責任が会社ではなく本人にある、ということです。

　確かに会社は、研修などの成長機会を与えてくれるかもしれませんが、どのようにキャリアを構築するのかを考え、選択していくのは私たち自身です。

　赴任を命じられるときにも会社から説明があり、家族の事情で受けられないときは断る権利があります。社内の公募で、違う職種にチャレンジするかどうかも本人次第です。

　つまり、外資系では長い職業人生を自ら切り拓き、築いていく人材が求められます。

　では、外資系企業で働く彼らには、どのような特徴があるのでしょうか。

１ 自分の強み・個性を理解している

　自己の棚卸しを行い、自分の強みを自覚できていないと、英文履歴書や英語での面接で上手に自己アピールできません。

　あなたは自分の強みを理解していますか？

　自分の強みがわかっているかどうか自信がない人は、書き出してみるのが早道です。

　下図のように、「強み」と「改善点」を書く欄を用意して、思いつくままに書いていきます。

　自分の考えだけでなく、過去に友人や同僚や上司からもらったコメントを思い出してください。

（例）

強　　み	改　善　点
思慮深い	独創性
計画性がある	行動力
細かい点に注意できる	シナリオがないと不安になる
ルールを守る	スピードが遅いと言われる
継続性がある	リーダー的役割が重荷になる
物事をやり通す力	

　肝心なことは、一度書き出したら自分をよく知っている人物、親友・家族・過去の上司・同僚など、あなたのことをよく理解している人に、このリストを見てもらい、本人が気づいていない強みを加えてもらうことです。

　以前、私自身がこのリストを書いたとき、弟に「大事な強みが抜けている。姉貴の人脈は明らかに強みだよ」と言われたことがあります。

自分のことは客観的に見られないとよく言われますが、典型的な例だと思います。

集団の和を重んじることから社員に個性を求めない日本企業に対して、外資系は多様性と個人主義を重視する傾向にあります。悪目立ちするのはもちろんよく思われませんが、個性が豊かなことはよいことなのです。

海外で育ちハッキリモノを言う、無難な紺のスーツではなく自分らしい服装をすることは、外資系ではよいと判断されます。みんなと同じであることが苦手な人は、外資系のほうが生きやすいでしょう。

2 自己ＰＲ力がある

外資系にはアサーティブな人が多いです。アサーティブとは、自分の主張をはっきり伝える力があることです。

「自分」を前に押し出すことができないと損をします。当然、自己ＰＲ力は大切で、嘘を言うのはＮＧですが、**90点を100点に見せられないようでは外資系では生き残れません。**

なぜなら、90点を150点に見せることができる外国人社員と一緒に働くことになるからです。

以前、キャリアカウンセリングをしていて、「英語はできますか？」と質問した際、その人の謙遜した素振りから「それほどできないのだろう」と判断した人のTOEICスコアが、実は970点だったことがあります。

こういう方は、とても謙虚で素晴らしいお人柄だと思います。ですが、外資系には向いていません。

同じ質問をされたら、「ビジネス英語に支障はありません。TOEICのスコアも970点ですし。それ以外にも…」と答えられる人材が、外資では求められています。

謙虚の美徳は傍らに置き、「能ある鷹は爪を見せる」ことが重要です。

3 ロジカル思考

英語はシンプルでロジカルな言語なので、英語が公用語である外資系でロジカルな人材が求められるのは当然と言えます。

結論を先に話し、その後に理由や根拠を論理的に話せる力は英語の面接では必須です。

いつまでも結論がわからなかったり、同じことを繰り返し話しているようだと、わかりにくいだけでなく英語慣れしていないのかな、という印象が強くなります。

もしロジカル思考が苦手であれば、関連する書籍がたくさん発行されていますので、それらの書籍を参考に練習をして、面接までには問題のない状態にしたいところです。

以上を踏まえ、外資系への転職の準備には以下のことが必要です。

---

a．会社に頼らず、自分でキャリア／人生を築いていく覚悟を持つ
b．強みと改善点の棚卸しを行い、強みにフォーカスする
c．英文履歴書・英語での面接で、上手に自己PRする段取りを組む
d．ロジカルに英語で話せるようにしておく

第2章で、第一関門である書類選考を見事に通過する「英文履歴書」の書き方について説明します。

和文の履歴書と何が違う？

1　英文履歴書はフリーフォーマット

　日本語の履歴書と比較して英文履歴書（「レジュメ〈resume〉」といいます）はどこが違うかというと、定型のフォームがないことです。

　日本では市販の履歴書フォームを文具店で売っていたりしますが、英語の場合、定型というものがありません。

　Ａ４の紙に、ある程度決まっている履歴書の流れに沿って書くことになります。

　「型」がないのは気楽ですが、それだけに書き方によってロジカルな考え方ができるかどうかが如実に表れます。したがって、ロジカルで内容の濃い書類にする努力が大切です。

2　「カバーレター」が存在する

　英文履歴書とセットになっている書類に「カバーレター」（cover letter）があります。日本語にすると「送付状」「添え状」になるのかもしれませんが、単に英文履歴書を送ります、と履歴書に添えるものではありません。

　「なぜ、御社のこのポジションに自分が適任だと思うか」や、大きなキャリアチェンジをしたい場合は「自分自身がこの仕事をできると思う理由」を、熱意を込めて記すＡ４一枚の書類です。

　カバーレターについては、別途110ページで詳しく解説しますので参考にしてください。

3 書く必要のない項目がある

英語圏では、雇用の際に候補者を差別しないことが日本より徹底しているため、データを求めない項目があります。

具体的には、生年月日、性別、家族構成、配偶者、子供の有無、国籍、健康状態などを記載する必要はありません。

以下に、それぞれの項目に対する外資の考え方を記します。

▶生年月日

つまりは年齢ということです。公には、外資系企業は年齢で候補者を選考から外すことはしないので、求めないデータです。

ただ、最終学歴から計算すると、おおよその年齢は推測できますし、50代に入ると書類選考から面接に進めなくなる可能性が高いという現実は存在します。

▶性別

男女で候補者を差別しないこと、また近年はLGBTへの配慮からも、外資系企業が求めない情報です。候補者が日本人である場合、氏名からある程度の憶測はできます。

▶家族構成

日本でも「家族手当て」など手当ての廃止が進んでいますが、外資の場合、家族構成に関係なく「特定のポジション」に対して報酬を支払っています。

既婚かどうか、子供がいるかどうかは、候補者が入社するまで企業側は知る必要がないことになります。

▶**国籍**

多様性が重要視される昨今、どの国の出身かを問うことは外資ではタブーです。そうはいっても外国人の場合、就労ビザの取得に関わってくるので、面接では聞かれる項目です。

▶**写真**

容姿で差別することがないように、また「国籍」「性別」「おおよその年齢」などが想像できるので、候補者に不利にならないよう企業側は提出を求めません。

万が一、提出を求められた場合、写真のクオリティは撮影料にかなり比例するので、ここは必要経費と割り切って、評判のよい写真スタジオで撮影してもらってください。

4 直近から遡って記載する

日本語の履歴書の場合は、社会人として働き出した入社直後の職場から、現在時点に向かって時系列に書くのが普通です。

英文履歴書は、「現在」を大切にするので、現在の職場を最初に書き、そこから1つ前の職場、2つ前の職場へと遡って記載します。これを「クロノロジカル・レジュメ」といいます（37ページの文例参照）。

学歴も、最終学歴から記すことになります。

英文履歴書には上記のように記載する方法以外に、「ファンクショナル・レジュメ」といって仕事の内容別に書く方法があります。

ブランク（仕事と仕事の間の空白期間）が多い人が、経歴を年月を入れて順番に記入すると、一目でブランクがわかってしまいます。これを避けるために書くとされています。

実際には日本でファンクショナルタイプの履歴書を目にすることはまずありませんので、本書では取り上げません。

　外資の人事にいた時代に一度だけ目にしたことがありますが、非常に読みにくかったことと、ブランクが多いのだろうとすぐに察しがつきました。

　ということは、ファンクショナルにしてレジュメを書くメリットはないことになります。

5 有利になることはすべて書く

　アルバイト、ボランティア活動なども、応募したい職種で活かせる部分があればすべて書きます。

　また外資とはいえ、1人で完結する仕事はまずないので、協力できるチームプレーヤーかどうかは重要視されます。

　団体で行うような趣味なら、英文履歴書に記載するスペースがあれば、Interests（趣味）という項目をつけ加えて書くのもよいでしょう。

　団体で行う趣味とは例えば、合唱、音楽バンド、サッカーなどの団体スポーツ、カードゲームなどです。

アルバイトやボランティア活動、インターンシップを履歴書に載せる？

　基本的に、プラスの経験は何でも書いたほうがよいです。特に、キャリアにブランク（失職状態だった期間）があって、その間に派遣の仕事やアルバイトをしていたのであれば、社会とつながっていて仕事で必要な感覚を失わずにいたと証明できるので、履歴書に記載したほうがいいです。

　正社員と派遣の仕事が交互にあったりする場合、どこまで書くか迷うと思います。ひとまず履歴書上では、派遣であることを記入しないで面接で伝えるという方法もあります。正社員と比較すると派遣という雇用形態が少し軽く見られるからです。

　アルバイトについても、記載しましょう。高く評価されるかどうかは別ですが、何もしないで社会との関わりも持っていなかった状態があるよりはよいからです。

　ボランティア活動については職歴と関係ないと思われがちですが、職歴が短くて履歴書が1枚でもスペースが埋まらず困ってしまう候補者などは、積極的に記載してください。

　ただし、ビジネスでの結果重視の傾向が高い業界、金融（証券）、コンサルティング、GAFAなど、IT企業が応募先の場合は書いても意味がないので、仕事に直接関係がある事柄の内容を膨らませて書きましょう。

　最近流行りのインターンシップは、日本ではまだ期間が1日のものも多いようです。これでは職場見学と変わらないので、最低でも1週間以上勤務したインターンシップを記載しましょう。積極性をアピールできます。

第**2**章

「英文履歴書」作成の

ポイント

10万通のレジュメを
スクリーニングしてわかった
7つのコツ

　物を売るときに、「お客様の気持ちになりなさい」とは、よく言われることですが、企業の「採用担当者」の置かれる環境を想像したことはありますか?

　受け取るメールの95%は履歴書に関するものになり、メールの件名には「履歴書送付の件」が並びます。

　メールに履歴書を添付してワンクリックで送信できる現代、想像よりはるかにたくさんの候補者から英文履歴書が届くのです。皆さんの履歴書は、その中で埋もれそうになっていませんか?

　私の人事のキャリアで、採用活動が最も大変だったのは、米系IT企業に在籍していたとき、当時500名だった社員を1年で750名にする必要があった年です。

　250名のIT業界人材を採用するために必要な英文履歴書は、その人数の何倍になると思いますか?

　答えは最低10倍、トータル2,500枚です。採用チームは、手分けして2,500枚の英文歴書に目を通す必要があったのです。この状況下で、候補者1人ひとりの英文履歴書は、隅から隅まで丁寧に読んでもらえるでしょうか?

　残念ですが、答えはNOです。250名の中途採用のIT人材を獲得しなければならなかったこの1年間、採用担当チームは全員、自分のクローンを作りたいほど手が足りませんでした。

　このような状況では、多くの候補者の中で自分を目立たせようとする努力を行い(106ページの「3種の神器」参照)、**採用担当者が読みやす**

い英文履歴書を提出できる候補者が自然と有利になるわけです。

　もちろん、このような状況ばかりではありませんが、１人の候補者と企業とは、１対多の関係であると理解して行動できる候補者が、採用担当者の記憶に残りやすいのです。

1 　内容は求人ごとに微調整する

　一度、英文履歴書（レジュメ）を整えると安心して、すべての求人に同じ履歴書を送る候補者がいます。しかし、これは得策ではありません。求人内容に合わせて、英文履歴書の内容を微調整することをお勧めします。

　例えば、新卒で採用された会社では、課全体をサポートする秘書だったＦさんが、次の転職では役員付きの秘書になったとします。
　さらにＦさんは将来を考えて、秘書のキャリアパスからプロジェクト・コーディネーター（プロジェクトの遂行を支援する調整役）に転身するための転職活動を始めました。

　通常は、現職にフォーカスして仕事内容を詳細に書くべきですが、Ｆさんの場合は役員付き秘書という現職にフォーカスし過ぎるのは危険です。というのも、採用担当者が「現在、役員１人しかサポートしてないのか、大勢のコーディネート作業ができるのか」と疑問視してしまう可能性があるからです。

　このような場合は、現職よりも過去に行っていた仕事内容に焦点を当て、「大勢をサポートできます」というメッセージを英文履歴書に込めたいところです。
　例えば、以下のような履歴書になります。

< Summary >

Secretary with ten-year experience of supporting both an individual executive as well as a group of people. Given I love to deal with many people and support them, I would like to assume a challenging project coordinator job.

< Work Experience >

Company XX

July 2016 - Present

Executive secretary reporting to VP

- Providing secretarial support to VP
- Dealing with VP's visitors from overseas in terms of trip arrangement

> 直近の職では個人しかサポートしていないので、厚く書き過ぎない

Company YY

April 2009 - June 2016

Group Secretary supporting nine project members.

- Dealt with all administrative tasks by maximizing multi-task ability.
- Managed domestic/overseas trip coordination of nine members and expense settlement.
- Ensured everyone's schedule is updated all the time.
- Managed video conference arrangements among the project teams.

> グループ付き秘書だったときの職務内容を厚く記載。9人をサポートできるとアピール

〈キャリアの概要〉
　個人付き秘書とグループ付き秘書、両方の経験があります。大勢の方と関わり、複数のメンバーをサポートするほうが自分には合っているので、今回のプロジェクト・コーディネーターのポジションに応募します。

〈職歴〉
企業ＸＸ
2016年7月から現在
副社長付きエクゼクティブ・セクレタリー
－副社長の秘書的サポート
－海外から副社長を訪れるビジターの旅程手配

企業ＹＹ
2009年4月から2016年6月
グループ付き秘書として9人のメンバーをサポート
－マルチタスク力を発揮して、全員の事務を担当
－9人の国内／海外出張の手配及び経費精算
－9人全員のスケジュール管理
－メンバー間で行われるビデオ会議の手配

2 ファイルの日付にも注意

　今までに転職活動の経験があれば、注意したいのは細部の修正をしておくことです。

　例えば、職歴に現職のキャリアを足しただけで安心してしまい、カバーレター（110ページ）を更新するのを忘れることがあります。英文履歴書に限りませんが、履歴書は提出する前に必ず読み直して、しっかり細部まで修正してから提出してください。

　例えば、自分をアピールするつもりで提出しているカバーレターが「現在」を反映せず、3年前の転職活動時のままでは、採用担当者にやる気を疑われてしまいます。

　他には、添付して送る履歴書のワード文書のファイル名にも気をつけましょう。

　今日が、2020年3月10日だとします。英文履歴書のファイル名が、「CV KeiTakase 09082019」（履歴書 高瀬恵 2019年9月8日）となっていたら、約半年前から転職活動をしていることが採用担当者にひと目でわかってしまいます（英語では履歴書をCVもしくはResumeと表記します）。

　マネジメント職、例えばディレクターのポジションであれば、半年くらい再就職が決まらなくてもおかしくはありませんが、スタッフのポジションで半年も仕事が決まらないのは時間がかかりすぎています。

　「他社の評価が低くて、ここまで仕事が決まらなかった候補者なのかな」と、先入観を持たれてしまいますので、提出するたびに日付は更新しましょう。

　英文履歴書自体に日付を入れている場合や、カバーレターをつけて提出する場合も日付を入れることになりますので、提出日の日にちになっているかどうか再度確認しましょう。

3 応募職種に関係ない実績は削除する

他に忘れがちなのは、応募する企業の求人要項と関係のない実績を英文履歴書に残したままにしてしまうことです。

採用する側にとって大切なのは、直近の10年間です。この期間の職歴はよく確認しましょう。

具体例を挙げて説明します。

現在、経理のスタッフだとします。経理部の秘書的な仕事も行っていますが、これを英文履歴書に書いたほうがよいかどうかは、よく考えたいところです。

候補者としてはこれまでの経歴をすべて記入したいところですが、経理のキャリアパスを進みたいのであれば、補助的な事務仕事を書くことはマイナスに働きます。

まだ経験が浅いジュニアスタッフだから事務的なことも頼まれるのだろう、と判断されるからです。

逆に、本人が秘書的な仕事をこれからも続けたい、もしくは秘書職に移りたいと思っているような場合は、仕事内容に手を加えたほうがプラスに評価されます。

経理のキャリアパスを進みたい場合は、以下のように記載します。

Company F

April 2015 – Present　　Finance Staff

Reporting to Finance Manager

- Managing accounts receivable and accounts payable.

- Processing payments to suppliers

- Managing journal data entry to accounting system.

- ~~Providing administrative support to Finance Department~~

> この内容は削除しておく

会社 F

April 2015年 4 月 – 現在　　　経理部

上司は経理部マネジャー

－売掛金・買掛金管理

－業者への支払い

－月次決算のデータを会計システムに入力

－経理部の事務的作業　←　この内容は削除
　　　　　　　　　　　　　　　しておく

4 最優先事項は読みやすさ

　英文履歴書を作成するときに注意すべきことのNo. 1 は、先にも述べたように採用担当者にとって読みやすいように書くことです。

　日々、山のような英文履歴書をスクリーニング（選別）している採用担当者の立場に立つと、読みにくい書類ほど迷惑なものはありません。ここでは、読みやすくするにはどうしたらよいか、無意識のうちに読みづらくしている実例を挙げながら解説します。

a）基本的なレイアウトに沿って書く

　形式がなく、フリーフォーマットで構わない英文履歴書ですが、最初に個人情報を左右センターに置くことなど、ある程度フォーマットは決まっています。例えば右ページのような形式です。

Kei Saito

1-1-1 Kodai, Yokohama-shi, Kanagawa-ken 220-1111

KeiSaito.JP@gmail.com, 080-1234-XXXX

・**Summary**（キャリアの概要）

・**Key Strengths**（強み）

・**Work Experience**（職歴）

・**Education**（学歴）

・**Language Skills**（語学力）

・**Qualifications**（資格）

・**References**（推薦人）

　このテンプレートに沿って書けば、英文履歴書を見慣れている人の視線の動きと同じになるので、読みやすい書類になります。各項目についての詳しい解説は36ページ以降を参照ください。

b）文字の種類

　国によって好まれるフォントの種類は異なります。

　日本では、明朝体系では「Times New Roman」という書体、ゴシック系では「Arial」という書体を使うことが多いです。

　デザイナーなど、見栄えが重要な職種では自由に他のフォントを選んで大丈夫ですが、派手な飾り文字で読みにくいフォントは避けたほうが無難です。

　例えば、*Resume* などはお洒落なフォントです。しかし、すべての文章をこのフォントで書いた場合、どうなるかを想像すると、読みにくいだろうと判断できます。

c）フォントの大きさ

　英文履歴書に最適な文字の大きさはパートにより変わります。

ⅰ．氏名：14ポイント
ⅱ．個人情報（住所、メールアドレス及び携帯電話番号）：12ポイント
ⅲ．見出し：12ポイント
　　見出しとは、Summary（キャリアの概要）、Strengths（強み）、
　　Work Experiences（職歴）、Education（学歴）、Language Skills
　　（語学力）、Qualifications（資格）を指します。
ⅳ．上記以外（職務など記述部分）：11ポイント

　上記の大きさを反映させた英文レジュメの冒頭は以下になります。

Kei Saito
1-1-1 Kodai, Yokohama-shi, Kanagawa-ken 220-1111
KeiSaito.JP@gmail.com, 080-1234-XXXX

<u>Summary</u>

Twelve-year experience in financial accounting and reporting at accounting firms. Seasoned expert in preparing year-end reports for companies of all sizes.

　さらに、ⅰからⅲまでを太字にするとメリハリがあって見やすくなります。

　なぜ、職務などの記述部分を11ポイントの大きさにするかについては、以下を見てください。書体はTimes New Romanの11ポイントです。

```
-  Prepare monthly and annual financial statements
-  Prepare balance sheets and income statements
-  Manage overdue account receivables
```

　面接のプロセスを考えると、1次面接官は30代の担当者かもしれませんが、2次面接以降は40代以降のマネジメント・メンバーの可能性もあり、老眼かもしれません。

　日本人が老眼になる年齢は、概ね45歳前後です。40歳を超えた頃から小さな文字が見えにくいと感じる人が増えることを考慮して、文字を大きくする配慮も大切です。

　これまでにスクリーニングした英文履歴書で極端な例は、フォントサイズが8ポイントのものがありました。8ポイントの文字は以下のサイズです。

```
-  Prepare monthly and annual financial statements

-  Prepare balance sheets and income statements

-  Manage overdue account receivables
```

　当時、私はまだ30代だったため読むには読めましたが、「こんな小さな文字でびっしり書いていて、読みにくい履歴書だなぁ」と、途中で読むのをやめたほどでした。

　SEの候補者の英文履歴書で、ちょうど技術部長が通りかかったので、「すみません、この履歴書どうでしょう?」と差し出したところ、一瞥して「こんな小さな文字で、びっしり書く人間は相手のことを考えてない。コミュニケーション能力に問題ありそうだからパス」と言われてしまいました。

　英文履歴書は、内容はもちろんのこと、レイアウトやフォント、文字の大きさにまで気を配ることが大切です。

5 　適切な長さはＡ４用紙で２枚

　英文履歴書の最適な長さはＡ４サイズの用紙で２枚です（カバーレターを含まない）。

　社会人経験が長い方や、転職が非常に多い方でも３枚には収めたいところです。それ以上長い英文履歴書を読み通すのは、採用担当者にかなりの負担がかかり、ざっと読み飛ばされてしまうリスクがあります。どんなに長くても３枚に収めるようにしてください。

　職歴が多い場合、**肝心なのは直近の10年です。それより前の仕事に関する記載は、短くて大丈夫です。**あとは資格の項目を最低限にするなど、工夫すれば２枚にできます。

　上記のルールの例外は、GAFA（Google、Amazon、Facebook、Apple）です。求人要件に該当する職歴だけを書き、Strength（強み）を省略して１枚が基本です。

　過去に一度、16ページもの英文履歴書を受け取ったことがあります。

　私はその英文履歴書をまったく読みませんでした。優秀な候補者は頭の整理ができているので、自分の経歴を16枚もの長さにして送ってくるはずはないからです。

　逆に社会人経験が短い方は、２枚分も書く内容がないかもしれません。その場合は無理にたくさん書かないで、１枚で十分です。

　下のほうに余白が残らないように、行間のスペースを調整したり、19ページで述べたように団体で行うような趣味があるならば「Interests」（趣味）の欄を設けて趣味を記載するなどして、１枚ピッタリに収まっている印象の書類にします。

　１枚しかない英文履歴書の下のほうにスペースがあると、「経験が浅くて書くことがない」という感覚を採用担当者に与えてしまいます。

6 ブランクが多い場合は年度で記載

職業人生は長いので、ブランク（仕事と仕事の間の空白期間）が1回くらいあることは、採用側もあまり気にしません。ただ、次の転職先を決めないで現職を辞めたことが複数回ある候補者は、採用する側も警戒します。

人間の行動は習慣の蓄積なので、「3回もブランクがあるということは、うちに入社しても続かないですぐ辞めるかもしれない」と思われがちです。

退職の理由は人それぞれ。採用する側にとって最も望ましい退職理由は、現在の職場で学び尽くし、社員としても最大限に貢献したうえで、社内にステップアップできるポジションがない、といった真の「卒業」による退職です。

もちろん現実には、上司との人間関係にトラブルがあったり、仕事にやりがいを感じられないなどの理由で転職を繰り返すこともよくあります。

このような場合、英文履歴書の書き方を工夫することで、転職回数の多さやブランクによるダメージを小さくすることができます。

まず、入退社の年月を書かないで、年度だけを書くという方法があります。

ある候補者の職歴を、年月まで正確に記すと以下のようになるとします。

Company AA	会社ＡＡ
July 2017 – Present	2017年 7 月 – 現在
Company BB	会社ＢＢ
May 2014 – December 2016	2014年 5 月 – 2016年12月
Company CC	会社ＣＣ
March 2012 – April 2014	2012年 3 月 – 2014年 4 月
Company DD	会社ＤＤ
June 2009 – October 2011	2009年 6 月 – 2011年10月

　この例では、CampanyAAとCampanyBBの間に 6 か月のブランクがあり、CampanyCCとCampanyDDの間に 4 か月のブランクがあります。
　これではブランクがあることを自ら申告しているようなものです。入退社の年月はあえて書かず年度だけ書きましょう。以下は改善例です。

Company AA	会社ＡＡ
July 2017 – Present	2017年 7 月 – 現在
Company BB	会社ＢＢ
2014 – 2016	2014年 – 2016年
Company CC	会社ＣＣ
2012 – 2014	2012年 – 2014年
Company DD	会社ＤＤ
2009 – 2011	2009年 – 2011年

　英文履歴書としては正確ではありませんが、実績を見て実力はあると評価されれば、書類選考を通過する可能性は十分あります。とはいえ、採用する側は保守的なことも多く、空白がない履歴をよしとすることもあります。

転職が多い方がそれぞれの退職理由を、Reason for leavingというタイトルを立てて書いている英文履歴書を見かけることがあります。

内容をよく考えて書く必要があることと、こうした理由をわざわざ書くと、感覚的に「転職が多いんだな」と、最初から先入観を持たれてしまいます。

これまでの人事経験を踏まえると、「転職理由は書かずに、面接のときに伝えるのがベスト」です。

7 履歴書の郵送はしない

「郵送したほうが目立つ」という理由で、人事部あてに英文履歴書を送る方がいます。ですが現代はネットの時代です。書類以外にデータがないと受け取った履歴書の保存に困るので、Emailで送りましょう。

どうしても郵送したい場合は、並行してEmailでも送ります。

8 スピードが勝負。即レスが基本

採用の世界ではスピードが命です。企業は、なるべく早く空席を埋めたいので、求人広告を見て集まった英文履歴書をできるだけすぐにスクリーニングして、よさそうな候補者に会いたいのです。

求人広告を見たら、募集要件を読んで自分の英文履歴書を調整してすぐに送りましょう。忙しいからと後回しにしていると、最初の面接集団に入れず明らかに不利になります。

そのためには、転職活動をスタートすると決めたら、まずベースになる英文履歴書を整えておくことが肝心です。

担当者から連絡が来たら、即レスすることを心がけましょう。即レスの定義は24時間以内です。

業界によりますが、外資系でスピードは重要な要素なので、連絡があったら即返信するつもりでスタンバイしておきましょう。

英文履歴書を構成する項目と書き方のポイント

　英文履歴書（レジュメ）のテンプレートは、29ページに示したものになります。以下に再掲いたします。実際の履歴書は、右ページのようなものです。

Kei Saito
1-1-1 Kodai, Yokohama-shi, Kanagawa-ken 220-1111
KeiSaito.JP@gmail.com, 080-1234-XXXX

Summary（経歴のまとめ）　→38ページ

Key Strengths（強み）　→40ページ

Work Experience（職歴）　→43ページ

Education（学歴）　→48ページ

Language Skills（語学力）　→48ページ

Qualifications（資格）　→50ページ

References（推薦人）→51ページ

　この章では、これらの項目に沿って記載のポイントを解説していきます。

1　個人情報（Personal Information）

- -

　名前、住所、携帯電話番号、メールアドレスなどを、センター揃えで書きます。**書類選考に通った候補者を面接に進めるために必要な最低限の個人情報**を書きます。

Masa Aoki

1-2-3, Aoba-machi, Shinjuku-ku, Tokyo 111-1111
Masa.Aoki.JP@gmail.com, 090-1234-XXXX

SUMMARY

Have 8-year experience as Product/Projet Manager and Planner with Japan's leading Information and Commnication Technology company. I enjoy managing entire activities of product development, pre-launch and launch as Product Manager. Seeking a challenging position to expand career on global stage.

KEY STRENGTHS

- Highly Analytical
- Strategic Thinking Habit
- Strong Leadership

COMPANY A   (APRIL 2012 - PRESENT)

April 2017 - Present   Product Manager
- Developed requirements for a logistics solution of a global company
- Managed the entire project in cooperation with 15 stakeholders including contacts in the States
- Led another product development and launch based on this project's success

April 2015 - March 2017   Project Assistant Manager
- Developed requirements for a business solution package combining in-house software and a partner one
- Worked closely with 10 stakeholders including department heads
- Heavily involved with digital marketing activities
- Contributed to make the combined service as the Company's best-selling product today

April 2012 - March 2015   Planning and Project Specialist
- Defined requirements of document management software for a retail company based on strategic analysis of "inbound" international tourism market, customer needs and competition
- Led the project as the youngest project manager by working effectively with about 30 stakeholders
- Reduced product lead time from one year to three months
- Contributed to acquire the Company's first client in tourism industry

EDUCATION

- April 2008 - March 2012   BE in Applied Physics and Chemistry, University of Osaka

SKILLS

- Office Tools: MS: PowerPoint, Excel, Word   Google: Slides, Sheets, Documents
- Languages: Japanese (Native,) English (TOEIC 790)

References available upon request.

LinkedIn（転職エージェントがよく使うSNSサイト）にアカウントを持っている人は、転職活動に真剣であり、英語ができると思ってもらえるので、アカウント名を書くのは吉です。

　それ以外のSNSはプライベートを公開することになり、採用されなかったときに、あとで相手をブロックしたりすると角が立つので、英文履歴書には載せないほうが無難です。

　個人情報をセンター揃えで書くのは、面接官の目が慣れていて自然にそこに目がいくからです。ただし、デザイナーなど、レイアウトの美を問われる職業の場合は、センター揃えにこだわらなくてよいです。

■英文履歴書の書き出し（例）

Kei Saito
1-1-1 Kodai, Yokohama-shi, Kanagawa-ken 220-1111
KeiSaito.JP@gmail.com, 080-1234-XXXX

2　経歴のまとめ（Summary）

- -

　候補者のこれまでの経歴を3〜4行でまとめて書きます。内容が具体的で、どのような仕事に何年間従事したのか、ひと目でわかることが重要です。

【よい例】

Sales-oriented professional with strong background in engineering and product planning. Five years' experience as SE in home appliance followed by ten-year career in IT software product planning in nursing care industry.

→5年間家電産業に従事してSEの仕事をした後、介護産業でITのソフトウェア商品のプランニングを10年間しています。エンジニアであり、ソフトウェアの商品プランナーであるバックグラウンドを両方持つ人材は少ないと自負しております。

時々、冒頭のSummaryが非常に長い、例えば10行もある英文履歴書を見かけますが、長すぎて採用担当者に全文を読んでもらえません。**あくまでも概要なので、3〜4行に短くまとめましょう。**

Summaryは一番最初に出てくる文章なので、企業側の目にとまりやすいところです。誤字脱字・文法のミスがないようによく読み直し、ロジカルでインパクトのある英語になっているかどうかも確認して提出しましょう。

上記とまったく同じ人物の前提で、改善を必要とする例をあげてみます。

【改善を要する例】

I have been working in IT-related area for total of 15 years. I would love to work for your company as I am interested in the open position advertised on your HP.

→IT関連分野で15年勤務してきました。御社がHPに掲載された求人に非常に興味があり、ぜひ入社できたらと思います。

15年という具体的な数字をあげているのはよいのですが、これまでの仕事内容がわからないのでインパクトに欠けるオープニングです。

職種や携わってきた業界などを明確にして、書類をスクリーニングしている人物の関心を引きましょう。

候補者の全員が、その会社の求人に興味があるから英文履歴書を送っているわけです。一番最初に採用担当者の目に入る大事な3〜4行に、

応募先企業への漠然とした気持を書くだけではもったいないです。

　社会人経験が５年未満くらいの場合は、これまでのキャリアのまとめといわれても、「経理経験が５年あります」くらいしか書けないことが多いので、Summaryの部分は外しても大丈夫です。

3 強み（Key Strengths）

- -

　候補者が自分の強みをアピールする項目で、４〜５個のせるのが適切です。ここでは、採用する側の優先順位を理解して記入することが求められます。

　企業が知りたいのは、なんといってもその人物の実務での即戦力レベルです。人柄・コミュニケーション能力の確認は、そのあとです。

　企業側のニーズに合わせると、即戦力につながる実績・経験・スキルをまず記載して、その次に人格・コミュニケーション力について書いていくのが妥当です。

　強みをどのように英語で表現するのがよいのか、具体例を挙げてみます。

〈実績・経験・スキルについて〉

　Results-oriented（結果重視の姿勢）
　Quality control（品質コントロール力）
　Risk Management（リスク管理力）
　Price Negotiation（価格交渉力）
　Analytical thinking habit（分析力）
　Planning Skills（プランニング力）
　Good at improving current process（現状のプロセスを改善する力）
　Business development with multinational companies

（グローバル企業とのビジネス開発力）

Passionate and proactive sales（熱意ある狩猟型セールス）

Passion to develop a new business
（情熱的に新規ビジネスを開拓する力）

International logistics knowledge（国際物流の知識）

〈性格・コミュニケーション能力について〉

Team Player（チームプレーヤー）

Team Builder（チームビルディングが得意）

Strong Leadership（リーダーシップを発揮できる）

Can leverage diversity of workforce（職場の多様性を活かせる）

Presentation Skills（プレゼンテーションが得意）

Ability to train staff（部下を育成する力）

Self-motivated（モチベーションレベルが高い）

Quick to adapt to new environment（新しい環境に慣れるのが早い）

Capable to establish rapport with key stakeholders
（ステークホルダーとの人間関係構築に長けている）

Bilingual（2か国語話せる）

Change Agent（変化を起こすのが得意）

　上記の強みに、Excellent、Wonderful、Strong、Highly、Greatなどの単語を前につけて自己PRします。以下に例示します。

- Highly results-oriented（徹底的に結果主義）
- Great analytical thinking habit（分析力に優れている）
- Excellent leadership（強いリーダーシップを発揮する）

　日本人としては表現がオーバーに感じられて、少し気恥ずかしいかもしれませんが、外資系に応募する候補者にアサーティブネス（主張する

力）は不可欠なので、これくらいは気にしないで書いてください。

注意したいのは、裏づけがきちんとあることです。

例えば、分析力が高いと書くなら、「今までのキャリアで一番、分析力を必要とされたのはどんな場面ですか？」と面接官に聞かれたとき、具体的な事例を答えられるようにしておくことです。明らかに自分の強みだと胸を張って言える項目を選びましょう。

時々、冒頭のSummary（経歴のまとめ）とStrengths（強み）の、区別がついていない英文履歴書を見ることがあります。

「マーケティング部で7年間リサーチャーとしての経験がある」は、SummaryでありStrengthsではありません。

混同しそうになったら、Summaryにこれまでの経験をまとめ、Strengthsで自分が誇れるスキル・コミュニケーション能力などをPRしてください。

例えば、次のリサーチャーの英文レジュメでは、SummaryとStrengthsが混在しています。

Have 7-year researcher experience. Responsible and analytical worker who has great concentration.
（リサーチャーの経験が7年あります。責任感が強く、分析力に優れ集中力には自信があります）

職歴・強みの両方が軽くまとめられているだけで、それぞれにパンチと深さが足りません。採用担当者が読んだときに興味を持ってもらうためにも、これまでの経験や長所をインパクトのある言葉で伝える必要があります。

【改善後】

<u>SUMMARY</u>

Have 7-year researcher experience in cosmetics industry.
Enjoy researching for Marketing to propose products geared for
consumer needs. Now seeking for a new challenge to assume a
researcher position in consumer industry.

（化粧品業界で7年のリサーチャー経験があります。マーケティング部が消費者のニーズに合った商品を考えるために必須のリサーチャーの仕事が大好きです。小売り業界でのリサーチャー経験を積みたいと今回応募しました）

<u>STRENGTHS</u>

  - Highly analytical（分析力に優れる）
  - Power of concentration（集中力がある）
  - High sense of responsibility（責任感が強い）

4 職歴（Work Experience）

職歴は、英文履歴書で一番重要なパートです。

採用する側は、候補者がどのくらい即戦力になるのかを知りたいので、これまでどのような仕事に就き、どのような実績をあげてきたのかを明確に伝える必要があります。

まずは書き方の実例を挙げます。

Company A ❶

June 2015 – Present　　Manager, Human Resources ❷

Report to HR Director, managing two staff ❸

・Conduct resume screening and first interviews for non-managerial
  positions ❹

・C&B: Implement measures to accelerate "Pay for performance" policy. Manage merit increase process, bonus and incentive plans

・Training: Design programs to strengthen sales force capabilities. Conduct training on assessment system for managers

企業名A

2015年6月から現在　人事部マネジャー

上司は人事部長、部下2名

- ・採用：マネジャー職候補の履歴書選考、一次面接担当
- ・福利厚生：成果主義を加速させるシステムの導入、昇給のプロセス、
  ボーナスやインセンティブのプログラムを運営
- ・研修：セールスチームをさらに強化するための研修を開発
  マネジャー向けにアセスメント・プログラムを実施

▶記入の際の注意ポイント

直近の職歴を書くにあたって注意すべき点は、以下の4つになります。

1．勤務先名がわかるようにフォントサイズを大きめ、太字にする❶

2．勤務期間と役職名をはっきりさせる❷

3．直属の上司の役職と部下がいれば何人部下がいるのかを記す❸

この1行で、現職のジョブサイズ、どのくらいのスケールの仕事をしている候補者なのかがわかります。部下がいる場合はすでにリーダー職に就いているとわかるので、アピールも含めて書きましょう。

4．仕事の内容については、具体的に記載❹

特に数字で表せる職業、営業・マーケティング・プロジェクトマネジメント・購買などの職に就いている場合、実績を数字で見せることは必

須になります。

　これらの職業の履歴書に数字が書かれていないと、「目標を達成できていなかったのだろうか」と疑われる可能性があります。

【営業の例】

Achieved 115% of sales target on the average for the past four years

（過去4年間、平均で売上げ目標を115%達成している）

【マーケティングの例】

Launched one new product in 2019 to improve sales by 10%.

Managed three product launches

（2019年、売上げ10%増を目指し、新商品を発売。これまでに3つの新商品の発売イベントを手がけた）

【プロジェクトマネジメントの例】

Manage a JPY100MM project with Japan's No.1 gas company

（予算1億円のプロジェクトを、日本のNo.1ガス会社と進めている）

　仕事の内容を数字で表すことが難しい、主に管理部門（経理・人事・法務・社内IT・総務など）の場合は、コスト削減・残業削減につながった業績をアピールしたり、納期を絶対守ること・ミスがないこと等を上司やクライアントから褒められた例、社内で賞を取った例などを積極的に挙げましょう。

　他部門と関わったプロジェクト、新しいシステムを導入した、既存のプロセスを改善した、などもぜひ書きたい実績です。

Introduced SAP to the company replacing existing ERP in 11 months

（会社の既存ERPを、11か月でSAPに置き換えた）

Improved quality control process as a project team member
（品質管理のプロセスを、プロジェクトチームのメンバーとして向上させた）

Received President Award for improving intercompany
communication utilizing newly-built cafeteria
（新しくできたカフェテリアを有効活用し、部門を超えたコミュニケーションを活発化させたことで社長賞を受賞）

5．職歴を書く際の英語の使い方のコツ

　仕事の内容を書くにあたっては、動詞を用いたほうが名詞よりインパクトがあります。また動詞形と名詞形を混在させないほうが、読みやすい英文履歴書になります。

　（○動詞）Manage multi-national development programs
　（×名詞）Management of multi-national development programs
　どちらも、グローバルな開発プログラムを運営している、という意味になります。

【動詞と名詞が混在している例】
・Order management
・Analysis of calls from customers for effective operation
・Handling customer inquiries
・Training for telephone communication skill

【改善後】
・Manage orders
・Analyze customer calls to improve operation effectiveness
・Handle customer inquiries
・Conduct training on telephone communication skills

意味は、それぞれ、

・オーダー管理
・業務改善のため顧客からの電話を分析
・顧客からの問い合わせ対応
・電話でのコミュニケーションスキル研修実施

です。どんな動詞が使えるかは、「英文履歴書×アクション動詞」で検索すると、サイトが複数出てきますので、アクティブな印象を残せる動詞を選んでください。

6．メリハリをつける

たくさんの英文履歴書に目を通す採用担当者の立場に立つと、履歴書は読みやすいことが一番重要です。したがって、見た目のメリハリをつけることを心がけてください。

そのため、37ページのサンプルのように、大見出しを大文字＆太字にして目立たせたり、「・」や「-」などを使って、わかりやすくまとめることが大切です。

5 学歴 (Education)

　大学入学からスタートする時系列ではなく、最終学歴から記載します。例えば、大学院を卒業しているのであれば、下記のように直近から書きます。

April 2017 – March 2019　　MA in Asian History, Meiji University
April 2013 – March 2017　　BA in Literature, Meiji University

2017年4月 - 2019年3月　　明治大学大学院　アジア史研究科
2013年4月 - 2017年3月　　明治大学 文学部

　高校までは遡らないことが多いですが、高校時代に留学している場合は、書いたほうが有利なので記載しましょう。また、高校がインターナショナルスクールのため英語のほうが得意で、日本語の発音に少し癖があるような場合も高校から書きましょう。

6 語学力 (Language Skills)

　英文履歴書の紙面が足りない場合は、語学スキルについては後述のQualification（資格）の欄に書くことも可能です。「Language」という大見出しを書かないだけで1行アキを含めて2行の節約になります。

　ただ外資では、候補者が日本人であれば英語力、外国人であれば日本語力のレベルを確認したい気持ちが採用側に働くので、別見出しにすることをお勧めしまです。

　日本でビジネス英語力を測る際、広く使われているのはTOEICです。よく「外資系に勤める場合、最低限どのくらいの英語力が必要ですか」と聞かれますが、この答えは一律ではありません。

　3つの指標の掛け算「部署×役職×ポジションのグローバル度」で、決まります。

　具体的に言うと、社長が日本人だとして、国内の案件だけを処理している法務部長より、新卒2年めで海外とプロジェクトを進めているSEのほうが高い英語力が必要になるということです。

　英語力表記は、以下のように記します。

Japanese (Native), English (TOEIC760)

　TOEIC760点をどう見るかは、応募先の会社によって違います。中級とする会社もあれば、初級とする会社もあります。自分で判断してIntermediate（中級）やAdvanced（上級）と書かないで、点数をシンプルに表記するほうが採用担当者の期待値を外さないので無難です。

　ただし、高めの英語力が必要だとわかっているポジションに応募する場合、スコアが800点以下の場合は、Intermediate（中級）にしておきましょう。

　英検は、1級と準1級の間のギャップが大きく、準1級の評価はあまり高くありません（1級はTOEIC940点相当、準1級はTOEIC730点相当とされています）。

　英検1級の保持者は英文履歴書に書いたほうがよいですが、準1級の場合、TOEICのスコアがあればそちらを提出したほうが得策です。

　留学経験者で、TOEFL、IELTSのスコアしか持ってない場合は、ネットで検索して、それがTOEIC何点相当なのかを書き添えたほうが、採用担当者にわかりやすくなります。

　例えば、私はオーストラリアに住んだことがあるので、IELTS6.5と言われた場合、英語力のレベルはピンときます。逆にTOEFLは受けたことがなく、スコアを言われても英語力の実感がありません。

　せっかく持っているTOEIC以外のテストのスコアが、採用担当に響

かないのはもったいないので、ネットで換算表を検索して、「IELTS 6.5
(TOEIC820点相当)」のように表記しましょう。

7 資格 (Qualification)

　一般的にはPCスキルを書くことが多いです。

　他には、試験等によって取得する、いわゆる「資格」をこの欄に書く
ことになります。

　例えば、簿記、プログラミングできる言語、秘書検定、社会保険労務
士などです。自動車運転免許は、物流など保持していることが必須な職
業以外は、書いてもプラスにはなりません。

8 趣味 (Interests)

　外資系企業へ提出する英文履歴書に趣味を書く必要はまったくありま
せん。しかし社会人経験が浅くＡ４一枚の英文履歴書を埋めることが難
しく、しかもその趣味が「グループで行うもの」である場合、この項目
は便利です。

　読んだ瞬間にチームプレーヤーと評してもらえますし、会話の糸口に
なり得ます。

　マネジャー以上など、十分な職歴があり、管理職のポジションに応募
する場合は、「真剣なビジネスの場に趣味を持ち込むのか」と誤解され
るリスクを避けるため趣味は書かないほうがいいでしょう。面接のとき
に、自然に会話のトピックスになったら答えればよいのです。

　グループで行う趣味とは、例えば、
Choir（合唱団）、Music Band（音楽バンド）、Soccer（サッカー）な
どすべての団体スポーツ、カードゲームなどです。

単独で行う趣味とは、例えば、

Yoga（ヨガ）、Reading books（読書）、Watching movies（映画鑑賞）、Walking（ウォーキング）などです。

趣味に優劣はありませんので、どんな趣味でも構いませんが、英文履歴書にわざわざ書くのであれば、団体で行う趣味のほうが有利だということです。

9 推薦人（References）

面接のプロセスがかなり進んだ段階で、採用担当者から「以前の職場の人で連絡を取れる人、2人を教えてほしい」と言われる場合があります。これは候補者の過去の仕事ぶりについて確認するためです。

マネジャー以上は全員聞かれると思ってください。マネジャーでなくても聞かれることはあります。

候補者の仕事ぶりについて話せる人なので、理想は現在の上司ではなく、過去の上司ということになります。

そうは言っても、新卒から一度も転職したことがない場合、過去の上司と現在の上司が同じだったり、過去の上司が同じ職場にいて、頼むと転職活動していることがすぐにバレてしまうなど、支障をきたすことも少なくありません。

過去の上司に依頼できない場合は、おつき合いのあるクライアントや業者の方にお願いすることが可能です。採用担当者には、なぜ過去の上司に直接依頼できないのかを説明しておけば、それなら仕方ないと理解してくれます。

時々、初めての転職なのか、レファレンスをお願いする人の実名とメールアドレスを最初から英文履歴書に書いてしまっている人がいます。個人情報保護の観点からも、聞かれたらメールで採用担当者に伝えるよ

うにしたいものです。

　この項目は、

References available upon request.

（依頼を受けたら提出できます）

と１行書けば大丈夫です。

　Referenceを依頼することが初めての場合を想定して、プロセスを記しておきます。

　採用担当者からの最初の連絡は、Emailになります。推薦人に「15分くらいお時間をいただき、電話でお話ししたい」と採用担当者から連絡が来て、日程調整をします。

　電話で話すのは、メールのやり取りでは紋切り型になってしまい、その場で追加の質問がタイムリーにできないからです。

　採用担当者からの質問で多いのは、下記のような内容になります。

・いつからいつまで、候補者の田中さんをご存じでしたか？

・田中さんとどのようなご関係ですか？（元上司・同僚・クライアント・業者など）

・具体的に関わりがあった仕事の内容を教えてください。

・田中さんの強みを教えてください。

・完璧な人は存在しないので、田中さんにも改善したほうがよいところはあると思うのですが、それはどんな点ですか？

・将来、田中さんの上司になる人にどんなアドバイスをされますか？

・何か付け足したいことはありますか？

　上記の質問リストでおわかりのように、候補者を好評価してくれる人にReferenceをお願いすることが前提になります。良好な関係があれば、普通は上手に答えてくれますので安心してください。

第**3**章

ダメな英文履歴書から 魅せる履歴書へ 〈改善の事例〉

この章では、よくありがちな、あまりよくない英文履歴書と、それを改善した履歴書を比較しながら、記載のポイントを解説していきます。

改善前の英文履歴書、その日本語訳（あくまで翻訳）、改善したいポイントの解説、そして改善後の英文履歴書をお見せします。

候補者が、採用担当者にとって読みやすい履歴書、自分を最大限にアピールできる英文履歴書を作成できるようになることがゴールです。

英文履歴書のテンプレートは、第2章で説明した通りです（37ページ）。

基本的な英文履歴書の見せ方は、職種によって変わるものではありません。ある程度決まった流れに沿って、インパクトのある言葉、数字や固有名詞を使って読みやすく理解しやすく書くことが成功のカギです。

本章で紹介する事例は次の6つです。

・CASE 1：職歴の順番が違う（ITコンサルタント）　→56ページ
・CASE 2：職歴に軸がなく専門分野が不明（物流アシスタント）
　　　　　　　→64ページ
・CASE 3：インパクトの不足（マーケティング）　→72ページ
・CASE 4：誤字脱字の存在（秘書）　→80ページ
・CASE 5：定量的な説明の不足（製薬会社のMR）　→88ページ
・CASE 6：職歴にブランクがある（法務）　→96ページ

コラム

SNSは転職活動にとって重要

　外資への転職活動で重要さを増すのがLinkedIn（リンクトイン）です。記事がすべて英語で投稿されるので、TOEIC800点くらいの英語力を持つ日本人がさらにブラッシュアップする目的で、FacebookをやめてLinkedInだけをやっている場合もあります。

　LinkedInには英語での国内外の求人広告が多数掲載されており、転職エージェントを通さずに直接応募することができます。LinkedInで「Amazon」と検索ワードを入力してエンターキーを押すと、現在のAmazon社の求人リストが英語で手に入ります。

　外資や海外へ転職したい人には欠かせないツールとなりつつあるので、転職活動を始める前に登録して慣れておくことをお勧めします。勤務先が日本企業で、「LinkedInに登録していると会社に転職活動をしていると思われるから登録しない」人もいます。

　もし会社に何か聞かれたら、「ビル・ゲイツ氏の投稿などを読んで、英語の勉強をしています」と答えればよいので、ぜひ活用してください。実際、転職に直接関係はなくても有益な情報が英語で投稿されています。

　ネットに掲載される求人は応募する側のアクションも早いので、転職活動をすると決めたら、英文履歴書を準備しておき、求人内容に合わせて微調整して、すぐにメールで提出できるようにすることが重要です。履歴書を手書きして郵送していた時代とは、求められるスピードが違うのです。

　また、すべての求人ポジションに対してではないですが、人事が候補者のFacebookを覗くことがあります。SNSほど候補者のお人柄が表れるものはないからです。批判的な発言が多い、上から目線の投稿が多い、日本語が美しくない、などは選考から漏れる原因になりますので、転職活動を始めたらSNSでの投稿はよく注意するようにしてください。

Ryo Hayashi

4-7-3-302, Togi, Ohta-ku, Tokyo 114-5267
RyoHayashiNTT@gmail.com, 080-3567-XXXX

Summary

SAP consultant specializes in ECC Modules (MM) for machine company for 6 years. Developed joint SAP deployment project with multinational companies for 3 years.

Key Strengths

- Leadership in purchasing and material management area in SCM system project
- Business development with multinational companies
- Results-oriented mind
- Excellent project management skills

職歴の時系列が逆

職歴に「月」が入っていない

Work Experiences

- ICT Corporation　April 2010 - Present　Associate Manager

プロジェクト	役職	仕事内容
2010 - 2012 **(Tokyo)** **Development of** **sales order system**	Junior Consultant (non-SAP)	・Responsible for design of sales order function for smart device ・Responsible for Unit and Integration Testing ・Execute Master Data Loads ・Testing with smart device
Company A **(Fukuoka)** 2012 - 2013	Junior SAP Consultant	・Responsible for Material management area ・Ensure complete configuration and development of FRICEW's ・Responsible for Unit and Integration Testing ・After go-live support
Company B **(Tokyo)**	Junior SAP Consultant	・Responsible for design of sales volume estimation

表にすると英語力がわかりにくい

● 日本語の履歴書と同じ時系列になっている
● 職種：ITコンサルタント

林 亮

住所：〒114-5267 東京都大田区遠木4-7-3-302
RyoHayashiNTT@gmail.com, 080-3567-XXXX

概要
SAPのコンサルタントとして、機械メーカのECCモジュール担当を6年間行った後、グローバル企業とSAP導入プロジェクトで3年協業しています。

強み
・SCMのプロジェクトで、購買及び資材調達においてリーダーシップを発揮
・グローバル企業とビジネスを構築する力
・結果を出すまでやり抜く力
・優れたプロジェクト・マネジメント力

職歴
株式会社ITC　2010年4月 - 現在　　アソシエイト・マネジャー

プロジェクト	役職	仕事内容
2010年 - 2012年（東京本社） **営業のウェブシステム開発**	ジュニア コンサルタント （SAP以外）	・スマートデバイス向け、発注機能設計 ・単体テスト＆結合テスト責任者 ・マスターデータアップロード ・デバイステスト
企業A（福岡） 2012年 - 2013年	ジュニアSAP コンサルタント	・資材購買領域担当 ・システム構成及び各種ドキュメント成果物の最終確認責任者 ・単体テストと結合テスト実施 ・本番稼働後のサポート
企業B（東京）	ジュニアSAP コンサルタント	・売上予測機能設計

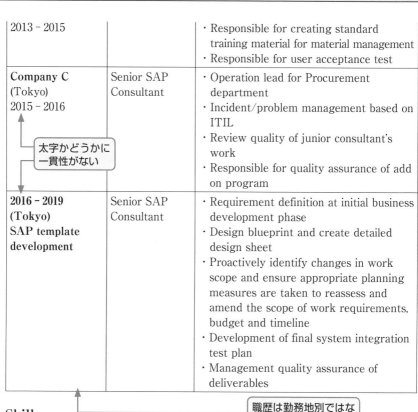

2013 – 2015		· Responsible for creating standard training material for material management · Responsible for user acceptance test
Company C (Tokyo) 2015 – 2016	Senior SAP Consultant	· Operation lead for Procurement department · Incident/problem management based on ITIL · Review quality of junior consultant's work · Responsible for quality assurance of add on program
2016 – 2019 **(Tokyo)** **SAP template** **development**	Senior SAP Consultant	· Requirement definition at initial business development phase · Design blueprint and create detailed design sheet · Proactively identify changes in work scope and ensure appropriate planning measures are taken to reassess and amend the scope of work requirements, budget and timeline · Development of final system integration test plan · Management quality assurance of deliverables

太字かどうかに一貫性がない

職歴は勤務地別ではなく、役職別に分ける

Skills
· Programing languages: Python, Java
· Language skills: Japanese (Native), English (Business level)

Qualifications
· SAP ECC Modules (MM)
· Applied Information Technology Engineer

Education
· 2006 – 2010 Waseda University with BS

2013年 – 2015年		・資材管理部門のエンドユーザ向け標準トレーニング資料作成 ・在庫購買部門のエンドユーザー受入テスト実施サポート
企業C（東京） 2015年 – 2016年	シニアSAP コンサルタント	・購買部門業務の責任者 ・ITILベースのインシデント/課題管理実行責任者 ・ジュニアコンサルタントの作業品質の確認 ・アドオンプログラムの作業品質の担保
2016 – 2019（東京） **SAPのテンプレート開発**	シニアSAP コンサルタント	・プロジェクト構想フェーズでの要件定義 ・概要設計書作成と詳細設計書作成 ・作業範囲の変更を積極的に特定し、作業要件範囲・予算・スケジュールを再評価し修正するために適切な措置が取られていることを確実にする ・最終のシステム統合テスト計画を策定 ・各種ドキュメント成果物の品質担保

スキル
・プログラミング言語：Python, Java
・語学力：日本語（母国語）、英語（ビジネスレベル）

資格
・SAP ECCモジュール（MM）
・応用情報技術者

学歴
・2006 – 2010　早稲田大学工学部

履歴書の改善ポイント

この英文履歴書は、「職歴」の書き方に改善点が複数あります。

1 職歴の時系列は現職から過去へ

日本語の履歴書では、新卒からスタートして直近までの職歴を時系列で書きますが、18ページで述べたように英文履歴書は逆です。

英文履歴書の場合は、現職（退職している場合は直近の職場）から書きはじめて、新卒時代へと遡っていきます。これは非常に重要で、採用担当者の思考順序に合わないと、理解しにくい英文履歴書になってしまいます。

2 表にまとめない

英文履歴書は表ではなく文章で伝えるルールです。表にすると、英単語の羅列になってしまい、採用担当者が候補者の英語力を十分に判断できないからです。技術系の転職者は表にまとめる傾向があるので注意してください。

3 職歴は勤務地ではなく、役職で分ける

職歴は勤務地ではなく、役職で分けて書きます。そのうえで、関わった企業を列挙しましょう。

採用担当者は「その仕事を任せられるか」という判断をしたいのであって、あなたの"歴史年表"は不要なのです。

4　職歴は「月」まで記載する

　仕事の内容が変わったタイミングの「年」だけを記載していますが、「年月」の両方を入れてください。

　「年」だけしか記載しないと、ブランクが多い候補者と誤解される可能性があります。職歴に長期間（おおよそ3か月以上）のブランクがあるとマイナス評価になります。その場合は、33ページの書き方を参考にしてください

　以上の点を修正した英文履歴書が、62〜63ページになります。

改善後

Ryo Hayashi

4-7-3-302, Togi, Ohta-ku, Tokyo 114-5267
RyoHayashiNTT@gmail.com, 080-3567-XXXX

個人情報は
中央揃え

Summary

SAP consultant with 6-year track record specializing in ECC Modules (MM) for machine company. Developed joint SAP system deployment project with multinational companies for 3 years.

Key Strengths

- Leadership in purchasing and material management area in SCM system project
- Business development with multinational companies
- Result-oriented attitude
- Excellent project management skills

Work Experiences

表にまとめず現在から新卒時に遡る、職歴は勤務地ではなく役職でまとめる

現職の表記を厚く

ITC Corporation   April 2010 - Present

June 2016 - Present   Senior SAP Functional Consultant

June 2016 - December 2019

SAP Template Building (Tokyo HQ)

- Define requirement at initial business development phase
- Design blueprint and customize program
- Proactively identify changes in work scope and ensure that appropriate planning measures to reassess and amend the scope of work requirements, budget and timeline
- Develop final system integration plan
- Manage quality assurance of deliverables

職歴には「年」だけでなく「月」も入れる

April 2015 - May 2016

Machine Company C (stationed at client site in Tokyo)

- Lead operations for Procurement department
- Manage incidents/problems based on ITIL

· Review quality of junior consultant's work
· Conduct user acceptance test

August 2012 – March 2015   **Junior SAP Functional Consultant**
August 2013 – March 2015
Machine Company B (at client site in Tokyo)
· Design sales volume estimate function
· Create standard training documents for training material
· Conducted user acceptance testing

August 2012 – July 2013
Machine Company A (at client site in Fukuoka)
· Ensured complete configuration and development of FRICEW's
· Conduct Unit and Integration Testing
· Provide after go-live support

April 2010 – July 2012   **Jr. Consultant (non-SAP) at HQ**
· Design sales order function for small devices
· Conduct testing
· Execute master data upload

> 使用する「・」「-」は
> どちらでもよいが、一
> 貫性を持たせる

Education
April 2006 – March 2010   BS in Computer Science, Waseda University

Language Skills
Japanese (Native), English (TOEIC760)

Qualifications
· Programing: Python, Java
· Certification of SAP ECC Modules (2014)
· Applied Information Technology Engineer (2014)

References available upon request. ◄ スペースにゆとりがあるので記入する

職歴に軸がなく専門分野が不明

Nanami Takada

3-18-4 Goro-machi, Kunitachi-shi, Tokyo 178-5921
nanami.takada.jp@gmail.com, 090-5261-XXXX

EXPERIENCE ←

> 見出しが大きく
> なりすぎている

2016 - Present   Star Logistics Corporations

Ocean import sales assistant

Three-year experience in freight forwarding with over 20 customers

- Reliable relationships with customers to prompt and certain performance
- Developed strong relationship with customs, warehouse and delivery specialists

> キャリアに一貫性がなく、強み
> を記入していないのでアピール
> 力に欠ける

2012 - 2016   Sun Corporations

Ocean export sales assistant

- Excellent communication with sales person and multi-tasking skills to handle export
- Accurately proceeded all export transactions including shipping and prepare shipping instructions, invoice and packing lists

2010 - 2012   Venus Corporation

Sales assistant and Accounting specialist

> すべての職歴に「月」
> がなくブランクがある
> と思われる

2008 - 2010   Earth Company

Specialist to register information about insurance agents

2006 - 2008   Moon Airways

Representative of Cargo freight

- Created export documents and input data into system of Japan customs (NACCS.)
- Customer Service at import counter

● 職歴に軸がなく専門分野がわかりにくいケース
● 職種：物流アシスタント

高田 七海

〒178-5921 東京都国立市吾郎町3-18-4
nanami.takada.jp@gmail.com, 090-5261-XXXX

職歴

2016年 - 現在　　Star Logistics Corporations
海上輸入の営業事務
３年間で顧客20社以上と運営契約の締結
・顧客と良好な関係を築き、迅速に対応できるよう努める
・税関、倉庫、物流スタッフと密に連携して職務にあたっている

2012 - 2016　　Sun Corporations
海上輸出の営業事務
・社内営業とのコミュニケーションに秀でており、複数の輸出業務を同時に遂行可能
・船積み、船積み指示書、インボイス、パッキングリスト作成など輸出に関わるすべての業務を正確に実行

2010 - 2012　　Venus Corporation
営業事務兼経理事務

2008 - 2010　　Earth Company
保険代理店の情報を登録するスペシャリスト

2006 - 2008　　Moon Airways
運送貨物担当
・輸出関連書類作成から、税関システム（NACCS）へのデータ入力業務
・輸入デスクでカスタマーサービス業務実施

2004 – 2006   Sea Corporation
System Engineer (Programming Language: VBA, Visual Basic)
Specialist for barcode and barcode system
- Managed to create distribution system and succeed to export the plant from Japan to China
- Successfully created customer service system for customers
- Built and managed a new group to repair handy scanner
- Excellent presentation about barcode system in exhibition held at Big Site, Tokyo

新卒時代（昔）の職歴は
短くしたい

EDUCATION
April 2000 – March 2004
BA from Nanzan University with major in English Literature

SKILLS/CERTIFICATION
Trade practice test B class (2013)

TECHNICAL SKILLS
VBA, EXCEL VBA, Microsoft Excel, Microsoft Access, Visio and SAP

2004 – 2006   Sea Corporation
　システムエンジニア（VBA & Visual Basic）
　バーコード技術システムのスペシャリスト
　・販売システム開発に携わり、工場を日本から中国に輸出
　・カスタマーサービスのシステムを顧客向けに構築
　・ハンディスキャナー修理部門の立ち上げメンバー兼リーダー
　・東京ビッグサイトの展示会でバーコードシステムについて素晴らしいプ
　　レゼンテーションを行った

学歴
2000年4月 – 2004年3月　南山大学 英文学部英文科卒業

スキル／資格
2013年　貿易事務B級

テクニカル・スキル
VBA, EXCEL VBA, Microsoft Excel, Microsoft Access, Visio 及び SAP

履歴書の改善ポイント

1 専門分野がわかりにくい

この英文履歴書の一番の課題は、このような書き方では専門分野がわかりにくいことです。

現職から職歴を辿ると、「輸出入関係」「セールスアシスタントと経理兼業」「データ入力」「事務」「カスタマーサービス」「SE」と、職種が多岐にわたりすぎていて、専門分野の軸がないように見えます。

外資系では、特定の分野のスペシャリストであることが重要視されるので、このままで提出するのは得策ではありません。

求人票をよく読んで、応募企業が求めている職務に関連づけて記載するなどの工夫が必要です。

2010年から2012年、セールスアシスタントと経理スタッフの両方をやっていたと書いてありますが、プロの水準に達している人材がまったく毛色の違う仕事を兼務していることはまずありません。

この並列表記を見ただけで、まだ経験が浅く専門分野を確立できていないのではないかと思われてしまいます。求人内容を読んで、どちらかを全削除する勇気が必要です。この例では、求人と無関係な「経理」についての記述を消すのがお勧めです。

2 SummaryとKey Strengthsがない

Summary（経歴のまとめ）がないのは、まとめることがかなり難しい職歴のため、もしかすると意図的に書かなかったのかもしれません。

その場合は以下のように、冒頭の部分でどのポジションに応募しているかを記すと、英文履歴書の出だしがよりスムーズになります。

> **Objective** ◄─── 太字＆下線で
>
> Seeking for an import/export sales assistant position.
>
> （輸出入のセールスアシスタント職に応募）

また、キャリアに一貫性がないからこそ、Key Strengths（強み）は
ぜひ書いておきたいところです。

3 長い職歴は直近を厚く、新卒直後は薄く

15年の職歴で、すでに現職が6社めです。こうしたケースでは、各職
場での仕事をどのくらいの分量で見せるのかが重要です。

この英文履歴書は、仕事内容の記述量が足りていません。特に一番大
切な直近2社で、具体的に何をしていたのかが書類から判断できないの
で要注意です。

現在、Star Logistics Corporationsでセールスアシスタントをしてい
ますが、スキル・経験ではなく性格・コミュニケーション能力を記して
います。

現状の履歴書では、仕事のできる候補者かどうか判断することができ
ません。このままの英文履歴書を提出すると、「何を求められているの
か判断できていない」「地頭があまりよくないかもしれない」と評価さ
れる恐れがあります。

現職とその直前の1社の仕事内容については、採用担当者が特に丁寧
に読みますので、職務内容を具体的に記載しましょう。

新卒で入社したSea Corporationで、SEをしていたときの職務記述が
一番詳しいのですが、現職から数えて5社も前の仕事内容は、採用担当
にとってそれほど重要ではありません。

「新入社員時代に何をしていたかより、現在、何をできる人なのか」
が大切です。

現職の職務内容についての記述を増やし、遡って記載するうちに2枚
に収まらなくなった場合は、最初の職場での職務記述を短くすることで
対応するようにしましょう。

改善後

Nanami Takada

3-18-4 Goro-machi, Kunitachi-shi, Tokyo 178-5921
nanami.takada.jp@gmail.com, 090-5261-XXXX

OBJECTIVE

A seasoned professional seeking for a challenging Export/Import position.

> キャリアが一筋ではないので、なおのこと、強みを書くことが大切

KEY STRENGTHS

- Attention to details（細かい作業が得意）
- Probing mind with problem-solving attitude（好奇心旺盛で問題解決型）
- Multitasking ability（マルチタスクが得意）
- Advanced interpersonal skills, capable of establishing quick rapport with customers and coworkers（人間関係構築力）

EXPERIENCE

> ブランクがあると誤解されるので「月」まで記入

Aug. 2016 - Present　　Star Logistics Corporations
Ocean import sales assistant

- Prepare import activities (supplier database management) Volume: US$2MM ◄
- Coordinate services for successful import buying of insurance, logistics, etc.
- Manage relations and contacts in different regions and nations across cultures
- Collect information abroad

> 取引の大きさを金額で表す。取引が非常に小さい場合は、かえって不利になるので書かなくてOK

Oct. 2012 - Jul. 2016　　Sun Corporations
Ocean export sales assistant

- Provided high-quality support to a sales person and handled export tasks with multitasking skills
- Accurately processed all export transactions including shipping and prepared shipping instructions, invoice and packing lists
- Managed complicated communications with coworkers overseas

Aug. 2010 – Sept. 2012　　Venus Corporation
Sales assistant ◄──
・Managed order data

> 専門分野がぶれないように
> 「経理」の仕事を削除

・Executed document preparation for all sales transactions
・Translated documents from English to Japanese upon request

Mar. 2008 – Jul. 2010　　Earth Company
Specialist for registering information about insurance agents

> 職務記述がなかったので記入

・Verified accuracy of data in information forms
・Managed data entry with precision

Jun. 2006 – Feb. 2008　　Moon Airways
Cargo freight representative
・Created export documents and managed input data entry to Japan Customs System (NACCS.)
・Performed customer service work at import counter

Apr. 2004 – May 2006　　Sea Corporation
Systems Engineer (technology summary: VBA, Visual Basic)
Specialist for bar codes and bar code systems
・Created distribution system and successfully exported the plant from Japan to China
・Created customer service system for customers

> 新卒時代の職歴は短めに

EDUCATION
Apr. 2000 – Mar. 2004
BA from Nanzan University with a major in English literature

SKILLS/CERTIFICATIONS
2013　　Trade practice test class B

References available upon request.

インパクトの不足

Kumiko Makita

2-7-35-1101, Doi, Urayasu-shi, Chiba
kumiko.makita.1210@gmail.com, 090-2635-XXXX

SUMMARY

19-year experience in sales promotion geared to consumers and companies. Strong experience in direct marketing consumer products, such as merchandising, catalog development, sales promotion, and database development. Sales promotion knowledge of both direct marketing and mass marketing.

> レジュメすべてを読まないと強みがわからない

WORK EXPERIENCE

Company A (Aug. 2014 – Present)
Manager, Advertising Marketing Div.
Managing seven employees
1. Managed and planned budget for annual advertising plan (FY18 AD cost budget was Y1.7 billion)
2. Sales increase of promotional items by 7% based on sales data while AD cost was decreased by 20% in FY2017

> 職務記述に番号を振らない

Company B (May 2011 – Jul. 2014)
Director, Sales Promotion and Advertising Div.
Managed nine employees
Managed and planned budget for annual sales promotion (Annual AD cost budget was JPY1 billion)

Company C (Oct. 2005 – Apr. 2011)
Senior Manager, character license sales

> 会社名と役職が埋もれて目立たない

Managed two employees
1. Management of 12 licensees

- **読み手を意識しインパクトを強くしたいケース**
- **職種：マーケティング**

牧田　久美子

千葉県浦安市土井2-7-35-1101
kumiko.makita.1210@gmail.com, 090-2635-XXXX

キャリア概要

19年間、法人及び消費者向けのマーケティング関連業務に携わっており、データ分析を用いたセールスプランの策定、マーチャンダイジング・カタログ製作・販促・データベース構築などの経験が豊富です。直販及び大量消費向けの両方に対し、拡販知識があります。

職　歴

Ａカンパニー（2014年8月 - 現在）
広告戦略室マネジャー
（部下7名）
1．年間広告計画の予算編成及び運営（2018年度の広告予算は17億円）
2．会計年度2017に広告費が20%削減される中、営業データに基づきプロモーション商品の売上げを7％増加させた

Ｂカンパニー（2011年5月 - 2014年7月）
セールスプロモーション&広告担当部門部長
（部下9名）
年間販促予算計画作成と管理（年間予算は10億円）

Ｃカンパニー（2005年10月 - 2011年4月）
キャラクターライセンスセールス
シニアマネジャー
（部下2名）
1．12のライセンス契約を管理

2部門の在籍期間
がわからない

2. <u>Developed</u> licensed products and marketing plan with existing
   licensees
3. New licensee <u>development</u>

職務記述には、一貫して
アクティブ動詞を使う

Senior Manager in Direct Marketing Div.
1. Managed partnership with Company XX, a big mail-order company
   in Japan and one of the top 10 licensee at Company C
2. Creation of five-year sales plan with Company XX
3. Annual and monthly PDCA based on 5-year plan

Company D (Feb. 2002 – Aug. 2005)
Manager, Monthly Catalog Production
1. Managed entire process of planning, developing and circulating
   monthly catalogs of office supplies targeting existing customers
2. Planning and implementation of sales promotions based on
   negotiations with suppliers

Company E (Apr. 2000 – Jan. 2002)
Consumer Relationship Marketing Staff, Marketing Division
Planned and implemented sales promotions to acquire new customers
and retain existing customers by effective use of customer database

---

EDUCATION

Apr. 1995 – Mar. 2000	Sophia University	B.A. in Sociology
1997 – 1998	The University of Manchester in UK	

LANGUAGE SKILLS

<u>IELTS 7.0</u>（1996）

英語のレベルが伝わりにくい

SKILLS

PC: Microsoft Word, Excel, Access and PowerPoint

２．既存のライセンス保持者と著作権付き商品の制作販売計画を作成
３．新規ライセンス契約先を開発

ダイレクトマーケティング部門、シニアマネジャー
１．通販大手で、Ｃカンパニーのトップ10に入る顧客であり、国内大手の通販企業XX社との関係を維持
２．XX社からの売上げ5か年計画策定
３．5か年計画を元に、月次及び年次でPDCAサイクルを回す

Ｄカンパニー（2002年2月 - 2005年8月）
月刊カタログ発行計画部門マネジャー
１．既存顧客向けオフィス用品の月刊カタログのプランニング、開発、配布
２．業者と交渉して、販促計画を策定及び実行

Ｅカンパニー（2000年4月 - 2002年1月）
マーケティング部門、一般消費者向けリレーションシップ・マーケティング担当
顧客データベースの有効活用による新規顧客獲得及び既存顧客を保持するための拡販を計画／実行

学　歴

1995年4月 - 2000年3月	上智大学社会学部
1997年 - 1998年	英国マンチェスター大学に交換留学

語　学

IELTS 7.0（1996年）

スキル

PC：Microsoft Excel, Word, Access 及び PowerPoint

履歴書の改善ポイント

1 Key Strengths（強み）がない

強みは記入しておいたほうが、採用担当者が職歴を読む前に理解できてわかりやすいので、3～4項目、仕事力に関係する強みを挙げてください。

提示する順番は、問題解決力、価格交渉力、プログラミング力など、ビジネスの成果に直結するハードスキルを先に書き、コミュニケーション能力等は後にしましょう。

2 職務内容の書き方

a）動詞で統一

動詞と名詞を混在させると読みにくくなります。名詞はパンチ力に欠けるため、必ず動詞のみにします。以下は、名詞と動詞が混在している例です。

・Planned and implemented sales promotions
・<u>Direction</u> of production on catalog ← 名詞になっている
・<u>Management</u> of two employees ←

職歴の各項目は、インパクトがある文章にするためにアクティブ動詞で統一するのがお勧めです。

上記の例は、下記のほうが読みやすくアクティブに見える文章になります。

・Planned and implemented sales promotions
・**Directed** production of catalog ← すべてアクティブ動詞に
・**Managed** two employees ←

　英文履歴書で使える動詞を知りたい場合は、ネットで「英文履歴書、アクティブ動詞」のキーワードで検索すると、使える動詞一覧が出てきますので、参考にしてみてください。

b）ボリュームのある役職は分けて書く

　Company Cで、２つの違う役職に就いています。かなりボリュームのある仕事で、兼務ではなく、別の業務だったと思われます。それぞれの在籍期間を明確にしたほうが読み手に親切です。

3　英語力の表記方法

　日本のビジネス界で一番知られているのはTOEICです。IELTSやTOEFLなど、それ以外のテストスコアをお持ちの方は、ネットで検索してTOEIC何点相当なのかを書いておきましょう（英語力の表記についての詳細は48ページを参照してください）。

　この英文履歴書では、IELTSという元英国連邦（イギリス、オーストラリア、NZなど）で広く使われている、英語テストのスコアを記入しています。

　採用担当者がIELTSを必要とする国に留学した経験でもないと、スコアを見ても英語力がピンときません。

　多量の英文履歴書が舞い込む中で、１人の候補者のために手を止めてTOEICの相当点数を検索する可能性は低いです。あらかじめTOEICで何点相当なのかを記しておきましょう。

　英語力について追記すると、日本ではTOEICの点数の認知度が高いため、転職の前にTOEICを受けて、最新の（最高の）点数を取得しておくことをお勧めします。

　また、しばらく英語のテストを受けてないけれど、ずっと職場で英語を使ってきているため昔のスコアよりよい点数になると思える場合も、ぜひTOEICを再受験することをお勧めします。

改善後

Kumiko Makita

2-7-35-1101, Doi, Urayasu-shi, Chiba
kumiko.makita.1210@gmail.com, 090-2635-XXXX

Summary

長さは5行が上限

19-year experience in sales promotion geared to consumers and companies. Strong experience in direct marketing consumer products, such as merchandising, catalog development, sales promotion, and database development. Sales promotion knowledge of both direct marketing and mass marketing.

Key Strengths

マーケティングに欠かせない
ビジネス面の強みがひと目で
わかるよう列挙する

- Logical thinking
- Commitment to sales growth
- Creative and innovative mind
- Advanced communication skills

Experience

予算の数字は、履歴書の提出先
が日本法人なら日本円でよいが、
海外に提出するときや、読む人
が米国人とわかっているときは
$に

Company A　　Aug. 2014 – Present
Manager, Advertising and Marketing Div.

- Manage seven employees
- Manage and plan budget for annual advertising plans (FY18 advertisement cost budget: JPY1.7 billion)
- Achieved 7% sale growth of promotional items on AD with a 20% AD cost reduction

ベトナムに提出するなら、ベ
トナムドンで書けば、グロー
バル感ある人材と思われる

Company B　　May 2011 – Jul. 2014
Director, Sales Promotion and Advertising Div.

- Supervised nine employees
- Managed and planned budget for annual sales promotion (Annual AD cost budget: Y1 billion)

2部門での在籍期間を明確に

Company C　　Oct. 2005 – Apr. 2011
Jul. 2008 – Apr. 2011　Senior Manager, Character License Sales

- Managed two employees
- Managed 12 licensees

月日、役職の出だしの位置を
可能な限り揃える

・ licensed products and marketing plans with existing licensees
・ Developed new licensee

Oct. 2005 – Jun. 2008   Senior Manager, Direct Marketing Div.
・ Managed partnership with Company XX, a major mail-order
  company in Japan and one of the top 10 licensees of Company C
・ Created a five-year sales plan for Company XX
・ Conducted annual and monthly PDCA based on a 5-year plan

Company D   Feb. 2002 – Aug. 2005
Mar. 2003 – Aug. 2005   Manager, Monthly Catalog Production
・ <u>Managed</u> entire process of planning, developing and circulating
  monthly catalogs of office supplies targeting existing customers,
  with responsibilities in sales and profits
・ <u>Conducted</u> planning and implementation of sales promotions based
  on negotiations with suppliers

職務記述は動詞を使ってインパクトを！

Feb. 2002 – Feb. 2003   Production Controller, Monthly Catalog
・ Took charge of planning, developing and circulating monthly
  catalogs

Company E   Apr. 2000 – Jan. 2002
Consumer Relationship Marketing Staff, Marketing Department
・ Planned and implemented sales promotions to acquire new
  customers and retained existing customers by effective use of
  customer database

Education
Apr. 1995 – Mar. 2000   B.A. in Sociology, Sophia University
1997 – 1998   The University of Manchester in UK

Language Skills
1996   IELTS 7.0 (<u>Equivalent to TOEIC880</u>)

日本で最も知名度があるビジネス
英語テストの点数に換算しておく

Skills
PC: Microsoft Word, Excel, Access and PowerPoint

Asuka Suzuki

#501, 1-3-44, Goichi-cho, Kawasaki-shi, Kanagawa 246-1821
AsukaSuzuki0421@gmail.com, 090-2543-XXXX

Executive Secretary

SUMMARY

Have eight-year secretarial experience. My past bosses evaluated me highly based on my high level of time management, accurate coordination and multi-tasking ability. Seeking a challenging position to support a top executive.

STRENGTHS

- Time efficient worker
- Customer-oriented mind
- Excellent interpersonal communication skills
- Advanced IT literacy

「・」「-」どちらかに統一する

CAREER HISTORY

June 2015 to Present

Company A   Executive Secretary to Vice President

- Supporting VP on daily operations including schedule management, trip arrangement, expense settlement and documents translation
- Playing a role of cross-departmental communication bridge between VP office and other business units
- Serving as Secretariat at monthly Quality control meeting
- Taking care of overseas visitors including accommodation and transporation arrangiment

ミススペル

改行した頭が揃っていない

- 誤字脱字をよく見直したいケース
- 職種：秘書

鈴木 明日香
〒246-1821 神奈川県川崎市五市町 1-3-44-501
AsukaSuzuki0421@gmail.com, 090-2543-XXXX

エグゼクティブ・セクレタリー

概要
８年間の秘書経験があり、これまでの複数の上司から、タイムマネジメント、コーディネートの正確さ、マルチタスクをこなせる力を高く評価されてきました。このたび、さらにステップアップすべく上級役員付き秘書のポジションに応募したく考えます。

強み
・仕事が速くタイムマネジメント力がある
・クライアントの立場に立って仕事ができる
・対人コミュニケーション力に秀でる
・高度なITスキル

職歴
2015年６月から現在
企業A　　副社長付きエグゼクティブ・セクレタリー

―副社長の日常業務のサポート：スケジュール管理、出張の手配、経費精算、書類の翻訳など
―副社長室と他事業部門との調整
―毎月の定例品質管理会議の書記
―海外から来日するゲストの対応：宿泊先や移動手段の手配など

「月」のスペルを略すのであれば、すべて略す。April→Apr. 80ページのJuneもJun.に

Nov. 2013 to May 2015
Company B   **Executive Assistant to Marketing Director**

・Provided secretarial support on daily operation
・Assisted translation of Marketing-related documents
 (English → Japanese)
・Arranged weekly Asia Pacific conference calls

役職の出だしが
揃っていない

April 2011 to Oct. 2013
Company C   **Administrative Staff of General Affairs**

ミススペル

-- Supported General Affairs Director on daily operation
-- Developed procedure mannuals for ISO14001 certification
-- Organized events such as summer party with General Affair
  Manager and President's executive secretary

Education
Apr. 2007 – Mar. 2011   Bachelor of English Linguistic, Aoyama
University

改行した頭が
不揃い

Additional Skills
Computer: Excel (VBA), Word, Power point
Level 1 of Secretarial Skills Test(2017)
English: TOEIC880 (2012)

References available upon request.

2013年11月から2015年5月
企業B　　マーケティング部長付き秘書

・日常業務での秘書サポート
・マーケティング関連資料の英日翻訳補助
・毎週定例のアジア・パシフィック電話会議の開催運営

2011年4月から2013年10月
企業C　　総務部門スタッフ

-- 総務部長の日常業務サポート
-- ISO14001取得のために必要な書類の準備
-- 総務部長及び社長秘書とともに、夏祭りを運営

学歴
2007年4月 - 2011年3月　　青山大学
文学部英文科

その他
PC：Excel（VBA），Word 及び Power point
秘書検定1級（2017年）
英語：TOEIC880（2012年）

ご要望により推薦人をご紹介できます。

履歴書の改善ポイント

　この英文履歴書は正確さに欠けており、経験ある採用担当者ならひと目で、「細かい作業が苦手な人物」だと気がつきます。

　秘書・経理・法務・SE職など、細部に注意を払うことが必須な職種の場合、英文履歴書は提出前によく読み直さないと書類選考で落ちてしまうかもしれません。

　改善点は下記になります。

1 誤字を見直す

----

　transporation、arrangiment、mannualsは、それぞれスペルミスです。A4サイズ2枚の書類に3つも誤字があると、社長秘書への適性を疑われてしまいます。

　Microsoftのワードを使って書類を作成している場合は、誤字と思われる単語の下には波線が入りますので、見落とさないで修正しましょう。

2 文章の出だしの位置を揃える

　まず、3つの役職、Executive Secretary to Vice President、Executive Assistant to Marketing Director、General Affairs Staffの位置がバラバラで揃っていません。Tabボタンを使うなどして、揃えましょう。

　文章の出だしが揃っていないところが2か所あります。Company Aの2つめの項目、2行にわたりますが2行めのスタートが左に寄りすぎています。

　また、学歴の2行も大学名の出だしがずれています。内容に関係ないことではありますが、レイアウトの美しい書類を揃えることができる能力は、秘書職には必須です。

繰り返しになりますが、英文履歴書の提出前によく見直してください。

3 使用する記号を統一する

- -

職歴の小見出しに「・」と「‐」「‐‐」を混在させています。これもデザイン的に一貫性がないので、どちらかに揃えましょう。

4 ボリュームが足りないならデザインで工夫する

- -

職歴が浅く、履歴書が1枚には収まらないものの、2枚にすると余白が多くなってしまうような場合、無理に2枚にする必要はありません。

どうしても1枚に収まらないときは、デザインで工夫しましょう。

履歴書のボリュームは、増やしたい場合は「大見出し」のすぐ下から次の行を始めずに、1行アキを入れます。

大見出しとは、

SUMMARY（概要）、STRENGTHS（強み）、WORK EXPERIENCE（職歴）、EDUCATION（学歴）、LANGUAGE SKILLS（語学力）、SKILLS（スキル）

です。

【例】

STRENGTHES

←──── [1行アキが入ってスペースをかせいでいる]

・Time Efficient worker

・Customer-oriented mind

・Excellent interpersonal communication skills

・Advanced IT literacy

上記のポイントを踏まえて修正した英文履歴書が86〜87ページになります。

改善後

Asuka Suzuki

#501, 1-3-44, Goichi-cho, Kawasaki-shi, Kanagawa 246-1821
AsukaSuzuki0421@gmail.com, 090-2543-XXXX

SUMMARY

> 2枚に美しく納めるよう1行アキを入れている

Solid eight-year secretarial experience. Consistently obtaining high evaluation for time management, coordination and multitasking ability. Seeking a challenging position as support for a top executive.

STRENGTHS

> 1行入れている

・Time efficiency

> 「・」を使うと決めたらすべて統一

・Customer-oriented attitude
・Excellent interpersonal and communication skills
・Advanced IT literacy

WORK EXPERIENCE

> 1行入れている

> 役職の出だしの位置を揃えると読みやすい書類になる

Company A
Jun. 2015 to Present   Executive Secretary to Vice President
・Support VP on daily operations including schedule management, travel arrangements, expense settlement and document translation
・Play the role of cross-departmental communication bridge between VP office and other business units
・Serve as secretariat at monthly quality control meetings
・Provide logistic support to overseas visitors including accommodations and transportation arrangements

> 正しいスペル

> 頭を揃える

Company B
Nov. 2013 to May 2015   Executive Assistant to Marketing Director
· Provided secretarial support for daily operations
· Assisted with translation of marketing-related documents (English
  to Japanese)
· Arranged weekly Asia Pacific conference calls

Company C
Apr. 2011 to Oct. 2013   Administrative Staff, General Affairs
· Supported General Affairs Director on daily operations
· Developed procedure manuals for ISO14001 certification
· Organized events, such as summer parties and welcome parties
  with General Affairs Manager and President's executive secretary

正しいスペル

EDUCATION

1行入れている

Apr. 2007 – Mar. 2011   Bachelor of English linguistics,
                         Aoyama University

改行した頭を揃える

LANGUAGE SKILLS

1行入れている

Japanese (Native)
English (TOEIC score of 880 in 2012)

SKILLS

1行入れている

Computer: Excel (VBA), Word and PowerPoint
Level 1 of Secretarial Skills Test (2017)

References available upon request.

Kenta Takanashi
1-25-4-303, Araki, Chiyoda-ku, Tokyo 101-0045
KentaTakanashi.JP@gmail.com, 090-2678-XXXX

Career Overview
Have eleven-year MR experience at Japan's leading pharmaceutical companies. Always achieved annual sales targets and exhibits strong passion for improving QOL of patients.

> 営業目標をどの程度
> 上回ったのかが不明

Key Strengths
- Utilize field reports and market researches to find out real-time needs of customers.
- Problem-solving ability to resolve customer's concerns and issues
- Show strong leadership to empower coworkers.

> はみ出している

Work Experience
Pharmaceutical Company A
Apr. 2016 - present   Senior Sales Representative
- Formulating sales strategy of spinal stenosis medicine in Kanto Area
- Achieved sales target for five fiscal years straight.
- Conducting quarterly presentations on recent cases
- Supervising one MR

Pharmaceutical Company B
Apr. 2014 - Mar. 2016   Marketing Specialist
- Consolidated all sales data
- Analyzed sales data by product, region and top-20 hospitals to produce effective marketing strategies
- Collected data at regional sales meetings

> 出だしが不揃い
> だと読みにくい

- 数字を使って定量的に説明していないケース
- 職種：製薬会社のMR

高梨　健太

〒101-0045 東京都千代田区荒木1-25-4-303
KentaTakanashi.JP@gmail.com, 090-2678-XXXX

概要

日本を代表する製薬会社2社で11年間、MRとして活躍。常に売上げ目標を達成するとともに、患者さんのQOL向上に情熱を傾けている。

強み

・市場レポートとマーケット分析の結果を元に、顧客のニーズを把握する力
・顧客の疑問や課題を解決する力
・同僚によい影響を与える巻き込み型のリーダーシップ

職歴

製薬会社A

2016年4月 - 現在　シニアMR

・関東地域における脊椎管狭窄症薬の販売戦略立案
・5会計年度連続で売上げ目標を達成
・最新の症例について四半期発表会で紹介
・部下：MR1名

製薬会社B

2014年4月 - 2016年3月　マーケティング・スペシャリスト

・全売上げデータの集計
・効果的なマーケティングプラン策定のために売上げデータを商品別、エリア別、トップ20の病院別に分析
・地域別営業会議でデータを集める

Apr. 2008 – Mar. 2014   Sales Representative

· Worked closely with clients to establish cooperative hospital network
· Contributed to team sales increase by 121% and achieved sales goals for seven straight years 2008–2014
· Obtained President's Award (2012)

Skills

· Computer Skills: Microsoft specialist of Word, Excel, PowerPoint.
· Language Skills: Japanese (Native Level)
English (TOEIC 620)

英語と日本語の表記位置が不揃い

Education

Apr. 2003 – Mar. 2008 Oosaka University, BA in financial policy

大学名をスペルミス

Hobby

Playing succor and visiting baseball stadium with friends
Enjoy organizing international parties

References available upon request.

2008年4月 - 2014年3月　MR
・病院の連携を強めるべくクライアントと密に協業
・チームのセールス達成に121%寄与（2008年-2014年）
・社長賞受賞（2012年）

スキル
・PCスキル：Word, Excel, PowerPoint（すべて上級）
・言語：日本語（母国語）
英語（TOEIC620）

学歴
2003年4月 - 2008年3月　　大阪大学経済学部　金融政策専攻

趣味
サッカー、友人と野球観戦、
国際パーティを開くこと

ご要望により推薦人をご紹介できます。

履歴書の改善ポイント

1 成績の数字を記入する

この履歴書は、製薬会社のMRつまり営業職の書類なので、一番重要な情報は売上げ達成率になります。「常に売上げ目標を達成していた」のは素晴らしいことですが、さらに何%達成していたのかを伝えられると、より説得力ある履歴書になります。

冒頭のCareer Overview（経歴のまとめ）に数字を入れることは、営業職にとって非常に重要です。

改善例に入れた数字の113%を高いと評価するかどうかは、採用担当者によって違うかもしれませんが、100%ギリギリだったわけではないとハッキリわかるので、この情報は重要です。

直近の職場での営業達成率が記されていないのはもったいないです。成果を上げているのであれば、レジュメの冒頭に来るCareer OverviewもしくはSummaryに必ず記載しましょう。いずれにしても、この点は面接では必ず尋ねられます。

2 定量的に表現できることは数字を書く

営業職以外でも、履歴書に記載する仕事の内容は、具体的にすることが重要です。すなわち、数字を用いて規模を定量的に表現します。

プロジェクトの投資額、契約額、売上高といった金額での表現だけではなく、システムへの接続台数、平均利用者数（1日、月間、年間）、物量（㎥、t等）、指示・管理・教育した人数や回数、所属メンバーの国の数などが入っていると、これまで行ってきた仕事のスケールがわかり、アピール度が高くなります。

3 表記を揃える

　細かい点をあげると「語学力」のところで、「日本語」と「英語」の出だしの表記位置がずれています。

　採用担当者は、このズレに気がつくとは思いますが、候補者が営業職なので、「細部への注意力」についてはお目こぼしされて、大した問題とは思われないのがふつうです（秘書・経理・法務・SE職の場合は特に細部への注意力が必要です）。

　上記のポイントを踏まえて改善した英文履歴書は、94〜95ページのようになります。

改善後

Kenta Takanashi

Address: 1-25-4-303, Araki, Chiyoda-ku, Tokyo 101-0045
KentaTakanashi.JP@gmail.com, 090-2678-XXXX

Career Overview

営業は数字が大事

Have eleven-year MR experience at Japan's leading pharmaceutical companies. Consistently exceeded annual sales targets: 113% on average. Exhibit strong passion for improving QOL of patients. Now seeking a challenging managerial position.

Key Strengths

ビジネス上の強みにフォーカスする

- Utilize field reports and market researches to learn real-time needs of customers
- Leverage problem-solving ability to resolve customers' concerns and issues
- Demonstrate strong leadership to inspire and motivate coworkers

Experience

役職の出だしを揃える

Pharmaceutical Company A

Apr. 2014 – Present   Senior Sales Representative

- Formulate sales strategy for spinal stenosis medicine in the Kanto area

数字を入れる

- Consistently achieved sales target: 108% on average (2014-2018)
- Conduct quarterly presentations on recent cases
- Supervise one MR

Pharmaceutical Company B

Apr. 2014 – Mar. 2016   Marketing Specialist

- Consolidated all sales data
- Analyzed sales data by product, region and top-20 hospitals to produce effective marketing strategies

・Collected data at regional sales meetings
・Assisted creation of annual marketing plan

> 職務内容はアクション動詞形で記載

Apr. 2008 – Mar. 2014　　Sales Representative
・Worked closely with clients to establish a cooperative hospital network
・Contributed to team sales growth of <u>121</u>% and achieved sales goals for seven straight years (2008–2014)
・Won President's Award (2012)

> 数字を入れる

Skills

・Computer Skills: Microsoft Word, Excel, and PowerPoint
・Language Skills: Japanese (Native)
　　　　　　　　 English (TOEIC 620)

> 出だしがきれいに揃っていることは、細かいことが要求される職種では重要（経理、法務、SE、事務など）

Education

Apr. 2003 – Mar. 2008: Bachelor in financial policy,
　　　　　　　　　　 Osaka University

> 大学名は正確に

Interest

・Playing soccer and watching baseball games live
・Organizing international parties

References available upon request.

> 出だしを揃える

Asami Tadokoro

3-5-14, Egami, Hachioji-shi, Tokyo 192-2233
Asami.Tadokoro1021@gmail.com, 090-2345-XXXX

> 中央揃えに
> なっていない

SUMMARY

Nine-year experience as corporate legal member. Willing to take a
new challenge and pursue legal career.

STRENTHS

・Persistent
・Analytical thinking habit
・Excellent attention to details

WORK EXPERIENCE

> 会社名の出だし
> が揃っていない

June 2018 – Present   ABC Corporation
Senior Legal Staff

・Reviewing and editing contract terms and conditions
・Conducting research on companies for information
・Translating documents with clients from English to Japanese and
  vice versa

September 2016 – May 2018   DEF Corporation
Senior Legal Staff

・Responsible for managing contract flow among departments
・Managed, drafted, proofread and edited document productions
・Conducted extensive internet data search

July 2014 – July 2015   GHI Corporation
Legal Staff

> GHI社と98ページの
> JKL社の職務記述が
> まったく同じ

・Administrated client meetings, conference calls, travel arrangements

- キャリアにブランクがあるケース
- 職種：法務

田所 麻美

〒192-2233 東京都八王子市江上3-5-14
Asami.Tadokoro1021@gmail.com, 090-2345-XXXX

概要

企業内法務の経験が9年あります。新しい課題に挑み、法務のキャリアを極めたいと思い応募しました。

強み

・根気強い
・分析力がある
・細部にまで注意が払える

職歴

2018年6月 - 現在　ABC株式会社
法務部シニアスタッフ

・契約条件のレビュー及び作成
・企業に関する情報収集リサーチ
・クライアントと共同作業で書類を翻訳（英日・日英）

2016年9月 - 2018年5月　DEF株式会社
法務部シニアスタッフ

・契約書が関係部署をスムーズに回るよう手配
・書類の下書き作成、校正、編集、最終確認
・ネットを活用し大量のデータ検索実施

2014年7月 - 2015年7月　GHI株式会社
リーガル・スタッフ

・クライアントとの会議、電話会議、出張の手配

- Worked closely with clients, attorneys to produce documents timely
- Proofread legal documents

August 2009 – March 2014   JKL Corporation
Legal Staff

- Administrated client meetings, conference calls, travel arrangements
- Worked closely with clients, attorneys to produce documents timely
- Proofread legal documents

July 2005 – March 2009   PQR Law Office
Legal Staff

会社名の出だし
が揃っていない

- Assisted document preparation of five attorneys
- Conducted database research
- Arranged travels for attorneys
- Performed clerical work

April 2004 – March 2005   STU Library
Librarian

卒業後5年間の
ブランクは不可解

- Assisted with the locating of books in a library serving more than 5,000 visitors
- Taught volunteers on the use of audiovisual materials and computer software

EDUCATION

スペースが詰まりすぎ

Apr. 1995 – Mar. 1999 Bachelor of Law, Waseda University

LANGUAGE SKILLS

Japanese (Native), English (TOEIC860)

QUALIFICATIONS

- Librarian Certificate
- Advanced user of Microsoft PowerPoint, Excel and Word

・クライアントに寄り添い弁護士と連携して、必要な書類を作成する
・法的文書の校正

2009年8月 - 2014年3月　JKL株式会社
リーガル・スタッフ

・クライアントとの会議、電話会議、出張の手配
・クライアントに寄り添い弁護士と連携して、必要な書類を作成する
・法的文書の校正

2005年7月 - 2009年3月　PQR法務事務所
リーガル・スタッフ

・弁護士5名の書類作成を補助
・データベースを活用した調査の実施
・弁護士の出張手配
・事務作業

2004年4月 - 2005年3月　STU図書館
図書館司書

・5,000名の来館者に向けた蔵書配置・補助作業
・ボランティアメンバーへの視聴覚教材やPCソフトウェアの使用方法指導

学歴
1995年4月 - 1999年3月　早稲田大学法学部

語学
日本語（ネイティブ）、英語（TOEIC860）

資格
・司書資格
・Microsoft PowerPoint, Excel 及び Word（いずれも上級）

履歴書の改善ポイント

　この英文履歴書は、実はかなり長めになっています。また、キャリアにブランクがあるので、改善点を解説する前に、この方の実際の職歴の大枠を、英文履歴書に書いていないことも含めて日本語で示してみます。

2018年6月 - 現在	法務　シニアリーガルスタッフ
2016年9月 - 2018年5月	法務　シニアリーガルスタッフ
2015年8月 - 2016年8月	ブランク（介護離職、書類に記載なし）
2014年7月 - 2015年7月	法務　リーガルスタッフ
2009年8月 - 2014年3月	法務　リーガルスタッフ
2005年7月 - 2009年3月	法務　リーガルスタッフ
2004年4月 - 2005年3月	図書館司書
2002年　　 - 2004年	塾講師（書類に記載なし）
1999年　　 - 2002年	司法試験準備（書類に記載なし）
1999年	大学卒業

1 職歴やブランクの見せ方に工夫が必要

　転職歴が多くブランクもあるので、書類上、どう見せるか工夫が必要です。まずは「年月」を書かず「年」だけにしましょう。

　「2014年7月 - 2015年7月　GHI株式会社」を「2014年 - 2015年　GHI株式会社」にすると、その前職のJKL株式会社との間にある数か月のブランクを埋めることができます。

　ブランクを英文履歴書に残さないほうがいい理由は、採用担当が2つのことに気がつき候補者に不利になるからです。

　まず、大学卒業年度から推測できる社会人歴と、職歴のトータル年数が一致しない、という直感です。次に、1999年に日本の大学を卒業後、2004年にSTU図書館司書に勤務するまで5年もブランクがあることに気がつき、何をしていたのだろうと不思議に思います。

　かなり昔のこととはいえ5年は長い歳月なので、担当者によっては書類選考で落としてしまう可能性があります。

大学を卒業してから5年も仕事をしていなかったように誤解されるのはよくないため、この長期の書類上のブランクは消したいところです。

実際には司法試験を受験して、結果として受からなかったことを書きたくない心情は察しますが、勉強を継続してきた努力は評価されるので、ここは書いたほうが賢明です。

司法試験の受験をやめて、塾の講師になったことはだいぶ前のことです。新卒採用の波に乗れないと就職に困ることは採用担当もわかっているので、正直に書いたほうが理解されます。

また、介護で離職したなどは、プライベートなことなので書いても書かなくてもどちらでも大丈夫です。介護は社会的な問題であるため、十分理解される離職理由です。

面接に進んで事情を説明できるのは、英文履歴書が選考を通った場合だけです。第三者には理解できない長いブランクを履歴書に残さない工夫が必要です。

転職の間に短いブランクが2回以上ある場合も、入社年・退社年だけにして、「月」を入れないことで明らかなブランクを埋めましょう。

2 職務内容は同じ表記にならないように

同じことを繰り返して書かないことが大切です。

GHI CorporationとJKL Corporationの職務内容がまったく同じになっています。

仕事の性質上、内容がほぼ同じであることは考えられますが、採用する側が「転職しても職務内容に変化がなく、成長しなかった」と誤解する恐れがあります。

複数の職場での職務内容が酷似している場合も、表現の仕方を工夫して同じ表記にしないようにしてください（102、103ページのようにGHI株式会社とJKL株式会社の職務内容を改善）。

Asami Tadokoro

3-5-14, Egami, Hachioji-shi, Tokyo 192-2233
Asami.Tadokoro1021@gmail.com, 090-2345-XXXX

中央揃え

SUMMARY

Nine-year experience as corporate legal member. Willing to take a new challenge and pursue legal career.

STRENGTHS

- Persistent
- Analytical thinking habit
- Excellent attention to details

WORK EXPERIENCE

June 2018 – Present ABC Corporation
Senior Legal Staff
- Reviewing and editing contract terms and conditions
- Acting as liaison between attorneys and clients
- Conducting research on companies for information
- Translating documents with clients from English to Japanese and vice versa

在籍期間を「年」だけにする

現職は動詞そのままか〜ing形で記入

2016 – 2018 DEF Corporation
Senior Legal Staff
- Responsible for managing contract flow among departments
- Managed, drafted, proofread and edited document productions
- Filed all documents through a web database
- Conducted extensive internet data search

GHI社、JKL社の職務内容を「まったく同じ」から「違う」表記へ変更

2014 – 2015 GHI Corporation
Legal Staff
- Administrated client meetings, conference calls, travel arrangements
- Worked closely with clients, attorneys to produce documents timely
- Proofread legal documents

2011 – 2014   JKL Corporation
Legal Staff
- Managed timely production of documents for clients
- Ensured smooth operation of client meetings, conference calls, etc.
- Reviewed and edited legal documents

2005 – 2009   PQR Law Office
Legal Staff
- Assisted document preparation for five attorneys
- Conducted database research
- Arranged travels for attorneys
- Performed clerical work

会社名や役職の
出だしを揃える

細部への配慮は
法務・SE・経
理・事務職の場
合必須

2004 – 2005   STU Library
Librarian
- Assisted with the locating of books in a library serving more than 5,000 visitors
- Taught volunteers on the use of audiovisual materials and computer software
- Managed clerical work such as filing, sorting mail, answering phones and word processing

2002 – 2004   XYZ Cram School
Teacher
   Taught social subjects for junior high school students

1999–2002   Preparation for bar exam

EDUCATION
1995-1999   Bachelor of Law, Waseda University

大学卒業直後は、
事実を短く記載

LANGUAGE SKILLS
Japanese (Native), English (TOEIC860)

適度にスペースを入れて
見やすく

QUALIFICATIONS
- Librarian Certificate
- Advanced user of Microsoft PowerPoint, Excel and Word

英文履歴書を"盛る"とは

　先日、知り合いの日系転職エージェント（日本人）に英文履歴書の和訳を見てもらいました。

　私からの気楽なリクエストは、彼にとってはカルチャーショックのようでした。

　強みが履歴書の前のほうに来て、"Excellent negotiation skills"（素晴らしい交渉力）とか"Strong leadership"（リーダーシップが強い）など、何を根拠にそう言い切れるのかわからないものが並んでいるというのです。

　25年も外資にいると慣れてしまって何も感じませんが、確かに「購買としてコスト削減に7％寄与した」とか「ミャンマー支社の立ち上げで関係者50名のプロジェクトを率いた」など具体的なことが書かれているならともかく、自分で"Excellent"とか"Strong"と言い切ってしまうのは、英語圏文化の影響でしょう。

　100の力を150くらいに見せる人が大勢いる中で、自分だけ90にへりくだっていたのでは書類選考に通りません。面接で聞かれたら答えられる実例を用意したうえで、"Excellent""Strong"と書くべきです。

　ただし、英文履歴書を盛ることと嘘をつくことはまったく別です。売上げ増のパーセントを水増ししたり、自分がやっていないことを手柄として挙げたりはルール違反になります。

　英語圏は"Ethical"（道徳的）かどうかを重要視する文化圏です。特に自分があまり関わっていないことは、深掘りの質問をされると答えに窮して失態を演じることになるので、履歴書に書かないほうが賢明です。

　英文履歴書に嘘は書かない、ただしテンション的には100を120に、が外資流です。

第**4**章

英文履歴書送付に
必要な準備

転職活動を始める前に「3種の神器」を決める

1 メールアドレス・件名・ファイル名が「3種の神器」

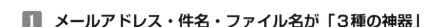

　この本を手に取ってくださった方は、「早く、英文履歴書を書いてみよう」と思っていることでしょう。はやる気持ちを抑えて、少しだけ耳を傾けてください。

　あなたは、どんな「メールアドレス（メアド）・メールの件名・添付ファイル名」で、英文履歴書を送付しようとしていますか？

　現代はEmailで簡単に履歴書を送付できることもあり、候補者は採用する会社側が1つの求人について数多くの英文履歴書を受け取っていることを忘れがちです。

　英文履歴書を送付する際に注意しないと、たくさんの履歴書の中に自分の履歴書が埋もれてしまう可能性があります。

　英文履歴書を送付するときに、私が「3種の神器」と呼んでいるのが、「メールアドレス」「メールの件名」「添付する英文履歴書のファイル名」です。

　下に具体例を挙げます。候補者の名前を、高瀬 恵（たかせ けい）さんとします。

	×	○
メールアドレス	Dreamylady1@yahoo.co.jp	KeiTakase.jp@gmail.com
メールの件名	履歴書送付	［高瀬恵より］履歴書送付の件
添付履歴書のファイル名	履歴書	CV Kei.Takase 10152020

前ページの表で、それぞれどちらのほうが「高瀬　恵」という個人名に紐づいているかは明らかです。

左側のメールアドレス・メール件名・ワードファイル名を使って英文履歴書を送付すると、受け取った側は誰から英文履歴書が送られてきたのかわかりません。

右側の一式には、すべてに個人名が入っているので、ひと目で誰から送られてきた書類なのかがわかります。

② 急ぎで履歴書が必要になる2つのケース

個人名とメールアドレスが連携しているとなぜ有利なのか、具体的に2つのケースを紹介します。

1つめは、2番手の候補者に急きょ連絡をしたいケースです。

応募した求人が、ある候補者に決まったものの、土壇場で内定辞退になったり、一旦入社したもののうまく行かなくて、すぐに退社してしまうこともあります。

採用チームは、「2番手だった候補者も、なかなかよかったよね。仕事決まったかなあ。もう一度面接に呼んでみよう」と、すぐに候補者に連絡を入れようとします。

このとき、左の表の×の例のように、個人名と紐づかない形で英文履歴書を提出しているとどうなるでしょう。担当者が、必死で検索しても候補者本人の履歴書を探し出せない可能性があります。

もちろん理屈上は、採用する側が受け取った英文履歴書のファイル名を「CV 高瀬恵 11152020」など、誰が見てもわかるように書き換えて保存しておくべきではあります。

しかし現実には、採用活動に忙しく手が回らないので、受け取った履歴書をそのままコピペして、とりあえずデータを残して乗り切っていることも往々にしてあります。

RESUME（履歴書）フォルダーを開けると、半分以上のファイルが個人名を持たない「履歴書」というファイル名であるのが現実です。

　そんな中で少しでも自分を目立たせるには、履歴書を送付する段階で応募する企業の担当者の立場を考慮し、対応しておくのが賢明です。

　もう1つ、個人名を目立たせたほうがよい理由は、多忙なエグゼクティブが面接の直前で英文履歴書を探せないことがあるからです。

　人事の採用チームに電話がかかってきて「あと20分で、高瀬という候補者と面接することになっているけど、履歴書が見つからない」と言われることがあります。

　候補者としては「失礼だ」と思うかもしれませんが、忙しい日常の中では残念ながら起こり得る現実です。

　人事としては候補者に失礼がないように、とにかく時間と闘いながら「高瀬　恵」さんの英文履歴書を探すことになりますが、個人名と紐づいていない状態で受け取った英文履歴書を短時間で探すのは至難の業です。

3 お勧めのメールアドレス3種

　ちなみに、元人事として今まで受け取ったことがある履歴書の中で、印象に残ったお勧めのメールアドレスは下記になります。

・「MeguSato.JP@gmail.com」
　…JAPANとすべて書かず「JP」と略しているので、これを入れるだけで迷惑メールをブロックできる便利なメールアドレスです。

・「MeguSato1103@・・・」
　…11月3日生まれなのかもしれません。「佐藤恵（さとう　めぐみ」さんなどのように、苗字も名前もあまり珍しくない名前の場合は、「MeguSato_1103@・・・」とアンダーバー（＿）を入れたほうが迷惑メール対策になります。

・「MeguSatoIBM@・・・」

　…現職が知名度の高い会社で、かつ短い社名の場合は、ひと目で覚えてもらえる最強のメールアドレスでしょう。NTT、JALなど3～5文字にできる大手企業に勤務していれば使えます。

　上記は、どれも個人名が特定できるうえに迷惑メールを引き寄せず、わかりやすいメールアドレスと言えます。転職活動の間だけでも、自分の名前が入ったメールアドレスを作成して、スマホに自動転送できるように準備しておくことをお勧めします。

　英文履歴書を企業に送付する際は、応募先との関係が1対多であることを思い出して、自分の名前を「メールアドレス、メールの件名、添付する英文履歴書のファイル名」に反映させましょう。

　成功の鍵は、「自分を目立たせる！」です。

カバーレターの作成

１ カバーレターは不要？

　実は、カバーレターは、あまり書類選考に影響を与えないので、カバーレター作成に労力をかけるのは効率がよくありません。

　多くの方が、書類の一番上にあるカバーレターを面接官が一番先に目を通すと考え、力を入れて書きますが、あまり読まれていないことに気づいていないようです。

　カバーレター作成に使う時間は、英文履歴書を整えてから、可能な限り提出先に合わせて調整するようお勧めします。

　面接官がカバーレターを重視しない理由は２つあります。

　まず、カバーレターは文章でのPRなので、入社したい熱意を伝えようとする候補者が多く、職歴と実績のレベルを正確に判断するうえでは、あまり役に立ちません。採用する側は、「何をどのくらいできる人なのか」が知りたいのです。

　カバーレターがあまり読まれない２つめの理由は、物理的に多くの英文履歴書をスクリーニング（選別）しなければならないため、担当者に十分な時間がありません。英文履歴書を読むだけでも、それなりに時間はかかるので、カバーレターまで手が回らないことは多々あります。

　逆に言えば、英文履歴書本体がそれだけ重要であるということです。

2 面接官がカバーレターに注目するとき

　採用担当者はカバーレターをあまり重視しないと申し上げましたが、例外も３つあるのでご紹介します。まずは、英文履歴書を読んでいて、履歴書中に出てくる公式の英語力と、履歴書を書く英語力に差があると感じる場合です。このとき面接官は、カバーレターに戻ります。

　例えば、TOEIC750点と書かれているのに、文法ミスもスペルミスも１つもない完璧な英語で履歴書が書かれていたら、非常に不自然です。カバーレターは、Ａ４サイズ用紙の３分の２以上は書くような長い文章で、英語力がさらに歴然と現れます。

　カバーレターを読んでも、やはり完璧に近い英語であれば、この書類一式は誰かに代行で書いてもらったとわかります。つまり、この方の書類上の英語力は当てにならない、面接で会ってみないとわからないわけです。経歴が魅力的でなければ、この書類選考の段階で落ちる可能性はあります。

　２つめのケースは、求人のJD（職務記述書）に並ぶ必要要件と、候補者のこれまでの職歴が合わない場合、カバーレターを読んで志望動機を確認します。

　なぜ求人要件に合わない人が応募したいのか、カバーレターに書かれている理由を読んで理解できれば面接に進む可能性はありますが、つながりがピンと来なければ、外資は即戦力を求めるので、残念ながら書類選考でお断りすることになります。

　３つめは海外からの応募の場合です。候補者の国籍に関係なく、面接の手段（オンラインで済むのかどうか）、引越しの費用など特別な配慮が必要になるので、候補者の熱意は気になるところです。

　日本国籍でない場合はさらに就労ビザをスポンサーすることになるの

で、追加になる会社側の負担に価する経験・スキル・熱意を持っている
かなど、確認したいことがいくつかあります。日本人が海外で仕事をし
たい場合は、この逆のケースに当たるわけで、カバーレターで意気込み
を示すことは重要です。

　私はこれまでに1万人を面接しました。その経験から、「カバーレタ
ーは必要でしょうか？」と聞かれたら、
　「国内での転職の場合、実績に自信があれば不要。キャリア変更をし
たいので熱意を伝える必要がある場合は必須」「海外で仕事をしたい場
合は、カバーレターをつけるべき」
　と答えます。

3 書くのであれば熱意を込める

　「カバーレターを書く！」と決めたら、必要なのは十分な経験・スキ
ルがあること、さらに熱意のアピールです。
　面接と異なって、言葉や表情で補うことができないので、文章力がも
のをいいます。かといって、誰かに代行で書いてもらったカバーレター
は、経験豊かな採用担当者にはすぐわかりますので、なんとかして自力
で書きましょう。

　注意点をいくつかあげておきましょう。

❶ 可能であれば採用担当者の名前を調べて記入する
　ビジネスレターではありますが、よりパーソナルな意味を持たせるに
は、「採用係御中」より実名入りのほうが、はるかに真剣度が伝わります。
担当者の名前がわかるようであれば、記入しましょう。

❷ カスタマイズする
　英文履歴書を応募企業に合わせて調整するのと同じで、カバーレター

こそ、提出するのであればカスタマイズしないと意味がありません。なぜその企業に応募したいのか、熱意が伝わるような文章にしましょう。

❸ 推敲する

　誤字脱字があると、細かい作業が得意であるべきITや経理、法務、秘書などの候補者は不利になります。よく見直して文法のミスなどがない書類を提出しましょう。

Ayumi Tachibana
1-2-3, Tappi, Kita-ku, Tokyo 143-2831
Ayumi.Tachibana.jp@gmail.com, 080-3256-XXXX

November 1, 2020

Human Resources
Lemon Company
2-4-5, Kanda, Chiyoda-ku,
Tokyo, 142-3456

Dear Recruiting Officer,
I am interested in the operation manager position at Lemon Company,
as advertised on your website. I am currently employed as operation
Senior Specialist at Orange Company. I believe that my skills and
experiences make me an ideal candidate for the job of operation
manager.
As operation Senior Specialist, I have reduced processes and
contributed to cost reduction by 15% at my current employer. Simpler
process led to less mistakes by employees, which was evaluated
highly by the company's management.
This achievement requires abilities of coordination, planning and
analytical thinking habit. On top of everything, excellent
communication skills are must have.
I also gained extensive experience in global operation, which must be
a strong plus for your company. Knowing different types of operation
and managing diversity, I am the lead of Asia Pacific conference calls
all the time. Even my coworkers overseas seek for my advise on
global deals. Given the position you are advertising has global
operation aspect, I would love to bring my experience to your company.
I am confident that my experience as operation senior Specialist
qualify me for consideration. I have enclosed my resume. I look
forward to meeting with you and discussing my qualifications in more
detail.
Sincerely,

Ayumi Tachibana

橘 あゆみ

〒143-2831 東京都北区龍飛1-2-3
Ayumi.Tachibana.jp@gmail.com, 080-3256-XXXX

2020年11月1日

〒142-3456
千代田区神田2-4-5
レモン株式会社

採用担当殿

貴社HPに求人広告が掲載されているオペレーションマネジャーのポジション
に応募したくメールさせていただきます。現在、オレンジ社でオペレーショ
ン・シニア・スペシャリストとして勤務しており、私のスキルと経験は、オ
ペレーションマネジャーの理想的な候補者と言えると思います。

これまでに、業務プロセスの数を減らし15%のコスト削減に寄与しました。
プロセスが少ない分、社員のミスが減り、マネジメントから高く評価されて
います。

上記の功績を出すためには、調整力、プランニング能力と分析力が必要です。
もちろん優れたコミュニケーション能力があることは必須です。

私にグローバルオペレーションの経験があることも、貴社にとってプラスだ
と考えます。国によってオペレーションの運営方法が異なることを理解し、
多様性を受容できることを買われて、アジア・パシフィックの電話会議のリー
ダーを常に務めています。海外の同僚もグローバルオペレーションについ
ては、私にアドバイスを求めます。貴社の求人ポジションがグローバルな側
面を持つとわかり、私の経験をぜひ活かしていただきたいと思っております。

私のオペレーション・シニア・スペシャリストとしての経験は、必ず貴社の
オペレーションマネジャー職に役立つと信じております。英文履歴書を同封
いたします。つきましては、面接で私の業務経歴を詳しくお話しできる機会
を賜りますよう、よろしくお願いいたします。

敬具

橘 あゆみ

Tsubasa Takegami
3-14-7-502, Taimai, Chuo-ku, Tokyo 150-3219
Tsubasa.Takegami0318@gmail.com, 090-4452-XXXX

November 15, 2020

Mr. Eric Front
Recruiting Director
Human Resources
Ocean Company
371, Green Avenue, Manhattan,
New York 46721 U.S.A.

Dear Mr. Front,

I am a Marketing Specialist working for Sky Watch Company in Japan. I have noticed your company is advertising Marketing Manager position for Japan entity. While you do not have presence in Japan yet, I have been reading your company's global business expansion and am excited to know you have a plan to penetrate into Japanese market.

Watch is the area I have ten-year experience. I am a great fan of your company's products and I have one model I bought in Italy. I believe my love for high quality watches and hands-on experience in Japan's watch market make me a suitable candidate for the position.

Knowing Japan's watch market, having marketing experience and being a bilingual speaker would significantly contribute to your company's initial operation in Japan. Japanese market is very unique in terms of expected product quality level and exclusiveness to new comers. I would like to support your company's entrance to Japan.

I will attach my resume for your consideration. I can have an on-line interview with you any time. I look forward to having an opportunity to discuss the position and my qualifications in detail.

Sincerely Yours,

Tsubasa Takegami

竹上 翼

〒150-3219 東京都中央区大枚3-14-7-502
Tsubasa.Takegami0318@gmail.com, 090-4452-XXXX

2020年11月15日

ニューヨーク州マンハッタン
グリーンアヴェニュー371
オーシャン株式会社
人事部採用担当ディレクター
エリック フロント様

フロント様

私は日本のスカイウオッチ株式会社で、マーケティングスペシャリストして働いています。貴社がマーケティングマネジャーを探している旨の求人広告を拝見し、ぜひ応募したく筆をとりました。貴社はまだ日本法人をお持ちではありませんが、グローバルにビジネスを展開されていることはよく存じており、日本市場に進出する計画があるとのこと、とても興味を持っております。

私は、時計のビジネス経験が10年あり、貴社商品の大ファンでありイタリアで1モデルを購入しました。高品質の時計への情熱と日本の時計業界での経験があることで、貴社の有力な候補者になり得ると信じてやみません。

私は日本の時計市場の知識及びマーケティング経験を有し、日英堪能であるので、貴社の日本での事業立ち上げに大きく貢献できると考えます。日本市場は商品に高い品質を求めるところが独特であり、新規参入者に排他的なマーケットでもあります。貴社が日本に進出するお手伝いができれば幸いです。

英文履歴書を添付させていただきます。オンラインでいつでも面接を受けることが可能です。ぜひとも面接の機会をいただき、ポジション及び、私のこれまでの業務経歴について詳しくお話しさせていただけませんでしょうか。どうぞよろしくお願いいたします。

敬具

竹上 翼

職種：海外営業

Mai Tasaka
2-5-65, Taniya, Tokorozawa-shi, Saitama 361-5321
Mai.Tasaka.jp@gmail.com, 090-1122-XXXX

Objective
Experienced overseas sales professional in fashion industry. Bilingual and bicultural on the strength of work experience in London. Seeking new challenge with a global fashion house.

Key Strengths ← できる営業であることを示す強みを挙げる
- Analytical thinking
- Advanced problem-solving skills
- Goal-oriented attitude with commitment to sales growth
- Sensitivity to cross-cultural differences

Work Experience
August 2016 to Present   Top Fashion Corporation   Tokyo, Japan
Overseas sales
- Drive export of Top Fashion collection to Asia and Europe
- Produce private showrooms in Paris, targeting buyers from all over the world
- Increased sales about 10% every year with effective problem-solving skills 数字を入れる
- Honed cross-cultural communication skills through interacting with clients from more than 10 countries

June 2012 – July 2016   Bell Tree Co., Ltd. Tokyo, Japan
Overseas Sales
- Conducted export sales activities of beauty goods
- Arranged Bell Tree booth at semi-annual well-known beauty goods exhibition in HK to boost sales
- Increased annual sales about 11% ever year 数字を入れる

田坂 舞

〒361-5321 埼玉県所沢市谷屋2-5-65
Mai.Tasaka.jp@gmail.com, 090-1122-XXXX

目的
ファッション業界で海外向け販売業務に従事してきました。英国での勤務経験があり英語力と文化の多様性を活かして仕事をすることに自信があります。貴社のようなグローバルなファッションハウスで、ぜひとも仕事をさせていただきたく応募いたします。

強み
- 分析力
- 優れた問題解決能力
- 目的重視で売上げ増に対するコミットメントが高い
- 細やかな文化の違いを理解できる

職歴
2016年8月 - 現在　　　　トップファッション株式会社　東京
海外営業部門
- トップファッションのコレクションをアジア及びヨーロッパへ輸出
- 世界中のバイヤーを対象にパリで自社専用ショールームを設営
- 優れた問題解決能力を発揮し毎年10%の売上げ増を達成
- 10か国以上のクライアントへの対応を通しコミュニケーション能力を研磨

2012年6月 - 2016年7月　　株式会社ベルツリー　東京
海外営業部門
- 美容用品の輸出販売責任者
- 香港で開催される有名な美容用品展示会に半年ごとに出展し、売上げ増を図る
- 毎年の売上げ増11%を達成

April 2011 to May 2012   **Jun London (Textile Company)**
                              London, UK
Associate Account Executive/Sales
- Assisted sales of fabrics to apparel customers, such as J.Crew, Marc Jacobs, Club Monaco, GAP, Banana Republic, Coach, and Theory
- Increased sales to Banana Republic by 15% and Coach by 20%
- Trained 8 interns

育成経験をアピール

数字を入れる

July 2010 to March 2011   **ABC UK Corporation**   **London, UK**
Paid intern
- Managed all the processes to order and sell TradForm brand
- Translated information about products from English to Japanese

Education

June 2010   Bachelor of Arts, London College

Language Skills

Japanese: Native
English: IELTS 6.5 (equivalent to TOEIC 850) ◄

英語力をTOEICに換算

Skills

Microsoft Word, Excel, and Access, Photoshop

References available upon request.

2011年4月 - 2012年5月　　ジュンロンドン　ロンドン
営業担当者
- J.Crew, Marc Jacobs, Club Monaco, GAP, Banana Republic, Coach, Theoryなどの顧客へ生地の販売サポート
- Banana Republicの売上げが15%、Coachの売上げが20%増加
- インターンの教育経験あり（8名）

2010年7月 - 2011年3月　　英国ABC株式会社　ロンドン
インターン（有給）
- Tradformブランドの仕入れ及び販売すべてのプロセスに関与
- 商品に関する情報を英語から日本語へ翻訳

学歴
2010年6月　ロンドン短期大学

語学
日本語（母国語）
英語（IELTS6.5, TOEIC850点相当）

スキル
Microsoft office, Microsoft Access, Microsoft Office Excel 及び Photoshop

ご要望により推薦人をご紹介できます。

Shota Ogikubo

2-56-1, Naka-ku, Yokohama-shi, Kanagawa-ken 267-2345
Shota.Ogikubo.jp@gmail.com, 080-1234-XXXX

Career Overview

Ten-year work experience in IT industry. Combined strength in developing software and promoting sales. With expertise in both application and sales with high customer satisfaction, I will be sure to bring benefits to employer.

Key Strengths

- Business development acumen
- Expertise in GIS software
- Effective negotiation skills
- Strong experience working in a multicultural environment

Work Experiences

Company AAA

Jun. 2015 - Present   Lead Sales Engineer

数字を入れる

- Act as sales agent on behalf of a French GIS software manufacturer
- Support 17 customers in water, bank, and insurance, etc.
- Localize American data processing software, promoted sales and marketing events, distributed software, and supported 12 customers among System Integrator, Map provider and GIS manufacturers. Total sales amount: 98M yen
- Conduct sales of water solution software to overseas customers in South Korea, the Philippines and Brazil, with sales exceeding the annual target (121%)
- Manage a project of data conversion development for Map provider
- Manage three staff

国名が多いとき、重要度を見せたいときは
主要国を、グローバル度を示したいときは
日本から遠い国を選ぶなど工夫する

荻窪 翔太

〒267-2345 神奈川県横浜市中区2-56-1

Shota.Ogikubo.jp@gmail.com, 080-1234-XXXX

概要

IT業界でソフトウェア開発と営業推進の経験が10年あります。開発と営業推進の両方の知識があり顧客満足度が高いため、貢献度の高い人材になれると信じています。

強み

・高い営業企画力
・豊富なGISソフトの開発経験
・交渉力
・異文化で結果を出した実績

職歴

株式会社AAA

2015年6月 - 現在　　リードセールスエンジニア

・フランス系GISソフトウェアの代理店業務実施
・水業界、銀行、保険会社等、顧客17社を担当
・米国データソフトの国内仕様化／営業／販促イベントの推進、ソフトウェア販売、及び12顧客（システムインテグレーター、地図提供会社、GIS製造業者）を担当。総売上額：9,800万円
・韓国、フィリピン、ブラジルのクライアントに対し、水関連のソフトウェアを販売し、売上げ目標の121%を達成
・地図業社に対し、データ変換のプロジェクトを完遂
・部下3名

Company BBB

Oct. 2012 – May 2015   Assistant Manager, Sales Promotion Dept.

- Negotiated the annual sales target with a French CIS manufacturer and renewed the sales contract in the amount of 76M yen `数字を入れる`
- Negotiated business opportunities while monitoring strategic prices
- Reported sales activities to HQ
- Evaluated commercialization of a new software for the Japanese market
- Managed one staff ◄──── `マネジメント経験は重要`

Company CCC

Apr. 2009 – Sept. 2012   Systems Analyst

- Developed a data entry system
- Provided application support for the bank XYZ

Education

Apr. 2005 – Mar. 2009	Bachelor of Science in Engineering, Aoyama University
Sept. 2007 – Mar. 2008	Studied English at Monash University, Australia

`海外留学経験は１年未満でも書く`

Language Skills

Japanese (Native), English (Business level) and French (Intermediate)

Qualifications

Microsoft Word, Excel, PowerPoint, Access and Outlook
FME Certification (2014)
Certified CAD Operator (2013)   `仕事と関係ある資格を記入`

References available upon request.

株式会社BBB
2012年10月‐2015年5月　　アシスタントマネジャー、営業推進部
　・フランス系GISメーカーと年間販売目標について交渉し、7,600万円の契約
　　を更新
　・戦略的価格を守りながら、新規ビジネスを開拓
　・フランス本社へ営業活動を報告
　・新しいソフトウェアの日本市場での商業化の可否を評価
　・部下1名

株式会社CCC
2009年4月‐2012年9月　　システムアナリスト
　・データ入力システムの開発
　・XYZ銀行へアプリケーションサポートを提供

学歴
2005年4月‐2009年3月　青山大学理工学部
2007年9月‐2008年3月　オーストラリアのモナッシュ大学へ英語留学

語学
日本語（母国語）,英語（ビジネスレベル）,フランス語（中級）

資格
Microsoft Office；Word, Excel, PowerPoint, Access 及び Outlook
FME認定資格（2014）
CADオペレーター認定資格（2013）

ご要望により推薦人をご紹介できます。

Aoi Tanabe
1-3-56-204, Ohashi, Nerima-ku, Tokyo 156-0021
Aoi.Tanabe.0503@gmail.com, 080-1234-XXXX

Career Overview
R&D expert with research laboratory and clinical development experience at a leading American pharmaceutical company. Scientific specialty in neuroscience such as anxiety and depression. Seeking new opportunity for greater professional challenge and growth.

Key Strengths

> 自身の強みで研究開発に関係するものを挙げる

- Persistence
- Planning ability
- Logical and analytical thinking
- Scientific habit of mind

Work Experience
AAA Pharmaceutical Company　　**Research and Development**
June 2018 - Present　　**Senior Laboratory Scientist**
- Evaluate test performance by given criteria and reports clinical results

> 現職の内容を厚く

- Generate monthly quality assurance reports
- Maintain, calibrate and perform trouble shooting of all lab equipments
- Supervise and train new employees on both administrative and testing procedures
- Support one drug's launch in 2019
- Manage three staff ◀——

> マネジメント経験は必ず記入

June 2015 to May 2018　　**Senior Clinical Scientist**
- Conduct clinical research on Alzheimer's disease
- Conduct clinical research on a new drug for severe depression
- Launch support for a new drug for anxiety

126

田辺 葵

〒156-0021 東京都練馬区大橋1-3-56-204
Aoi.Tanabe.0503@gmail.com, 080-1234-XXXX

キャリア概要
米国を代表する製薬会社で、研究と臨床開発の業務経験あり。不安症・うつ
など神経科学領域を専門とする。自身のプロとしてのさらなる挑戦及び飛躍
的な成長につながる新しい機会と考え、貴社の求人に応募しました。

強み
・粘り強い
・計画性がある
・ロジカルで分析が得意
・科学者の思考回路を持つ

職歴
AAA製薬　R&D部
2018年6月 - 現在　　　　主任研究者
・テスト結果を設定判断基準を元に評価し臨床レポートを作成
・月例品質保証レポート作成
・研究室で使用するすべての器具のメンテ作業・調整及び問題解決対応
・新入社員を部内の庶務的なプロセスと検査プロセスの両方にわたり指導
・新薬の上市（市場投入）サポート（2019年）
・部下3人

2015年6月 - 2018年5月　　　主任臨床技士
・アルツハイマー病に関する臨床調査を実施
・重度のうつ病に対する新薬の臨床調査を実施
・抗不安症の新薬上市（市場投入）サポート

January 2010 to May 2015   Clinical Scientist
- Conduct clinical trials for Alzheimer's disease
- Conduct clinical trials for epilepsy
- Train one staff ◄──────────────── | 直接の部下でなくとも
育成経験は記入 |

April 2005 – December 2009   Research scientist
- Create animal models of depression, anxiety and schizophrenia
- Screen many candidate compounds to check effects on the diseases

Education

Apr. 2003 – Mar. 2005	Ph.D. in pharmacology, Kyushu University
Apr. 2001 – Mar. 2003	Master's degree in agriculture, Kyushu University
Apr. 1996 – Mar. 2001	Bachelor's degree in agriculture, Kyushu University
Sept. 1998 – May 1999	Studied agriculture at University of Florida

| 揃えて細部への注意力を見せる |

Language Skills
Japanese (Native), English (TOEIC 930)

Skills
Microsoft Office (Word, Excel, and PowerPoint)

References available upon request.

2010年1月 – 2015年5月　　臨床研究者
・アルツハイマー病の臨床試験を実施
・てんかんの臨床試験を実施
・スタッフを1名育成

2005年4月 – 2009年12月　　リサーチ・サイエンティスト
・うつ、不安症、精神分裂病の動物モデル作成
・該当疾病に影響を与える可能性のある化合物を突き止める研究を実施

学歴
2003年4月 – 2005年3月　九州大学薬学部 博士課程前期修了
2001年4月 – 2003年3月　九州大学農学部 修士修了
1996年4月 – 2001年3月　九州大学農学部 学士修了
1998年9月 – 1999年5月　フロリダ大学農学部へ留学

語学
日本語（母国語）, 英語（TOEIC 930）

スキル
Microsoft Office（Excel, Word 及び PowerPoint）

ご要望により推薦人をご紹介できます。

Misaki Kuboki

1-65-8-701, Yashio, Shinagawa-ku, Tokyo 156-0043
Misaki.Kuboki0701@gmail.com, 090-5678-XXXX

Career Overview

何ができる人材なのか瞬時にわかるように書く

Twelve-year experience in financial accounting and reporting at accounting firms. Seasoned tax accountant experienced in preparing year-end reports for companies of all sizes. Seeking to join ABC Corporation to leverage my cumulative experience and skills to contribute to its bottom line.

Key Strengths

- Experienced at producing reports for executive decisions
- Analytical
- Committed to the highest standards of business conduct and ethics
- Meticulous and thorough

Work experience

職務内容を見出し➣で分けて読みやすく

Trust Company
Sept. 2017 - Present   **Finance Manager**

➣Financial accounting and reporting
- Prepare monthly and annual financial statements for headquarters based on IFRS
- Prepare statutory financial statements for tax filing in Japan
- Prepare journal entries and reconciliation of B/S accounts

➣Managerial accounting and financial management
- Analyze variance in B/S and P/L accounts between current and preceding months
- Prepare balance sheets and income statements
- Prepare 16-week cash flow forecast weekly report

➣AR and AP
- Manage AR and AP, especially overdue receivables

Integrity Company
Mar. 2013 - Aug. 2017   **Senior Accountant**

文字量が多いレジュメなので役職の出だしを揃えて見やすく

➣Financial accounting and reporting
- Prepared monthly and yearly financial statements for headquarters based on IFRS
- Prepared statutory financial statements for tax filing in Japan

久保木 美咲
〒156-0043 東京都品川区八潮1-65-8-701
Misaki.Kuboki0701@gmail.com, 090-5678-XXXX

概要
会計事務所で財務経理の経験が12年間あります。あらゆる規模の企業の財務諸表を作成してきたベテラン会計士です。これまで培った経験と能力を活かして貴社の純益増に貢献したいと思い応募いたしました。

強み
- 役員決裁しやすいレポートを作成する能力
- 分析力
- 高い倫理観と業務水準へのコミットメント
- 几帳面で抜け漏れがない

職歴
トラスト株式会社
2017年9月 – 現在　経理マネジャー
- ➢ 財務会計
  - 海外本社向けにIFRSに基づき月次/年次の財務諸表作成
  - 日本の税務申告向けに法定財務諸表作成
  - 仕訳記入及び賃貸対照表の項目調整

- ➢ 管理会計及び財務管理
  - 賃貸対照表及び損益計算書の前月との差異分析
  - 賃貸対照表及び損益計算書を作成
  - 向こう16週間のキャッシュフロー予測を毎週作成

- ➢ 売掛＆買掛
  - 売掛金と買掛金の管理（特に未払い金）

インテグリティ株式会社
2013年3月 – 2017年8月　主任会計士
- ➢ 財務会計
  - 海外本社向けにIFRSに基づき月次/年次の財務諸表作成
  - 日本の税務申告用に法定財務諸表作成

➤Managerial accounting
- Analyzed variance in B/S and P/L accounts between current and preceding months
- Prepared a balance sheet for each company and income statements for 25 sales locations separately
- Prepared analytical data for General Manager in Japan and headquarters, in particular, advertising and marketing expenses

➤Supervised four accountants

経理職は細部への注意力が必須。文章の出だしの位置を揃えるなど丁寧に作成する

Global Company
Aug. 2010 - Feb. 2013   Senior Associate

➤Accounting
- Prepared monthly and yearly financial statements based on IFRS, US GAAP and JGAAP
- Prepared tax returns for corporate and consumption taxes in accordance with Japanese tax law
- Handled monthly closings and year-end adjustments, and compiled documents and materials in preparation for audits

➤Asset management
- Prepared business plans for refinancing
- Prepared property management reports for investors

Starry Company   新卒直後の経歴は短く
Apr. 2007 - Jul. 2010   Accountant
- Input journal data into the accounting system
- Assisted the implementation of the inventory management system and ERP (SAP Business One)

Education

Apr. 2003 - Mar. 2007   BA in Philosophy, Chuo University

Language Skills

Japanese (Native), English (TOEIC 790)

Qualifications

- Level 2 Certificate in Nissho Bookkeeping (2006)
- Accounting and tax software: Kanjo Bugyo and SAP
- Microsoft Office (Word, Excel and PowerPoint)

References available upon request.

OAスキルは最後に

➢管理会計
  ・賃貸対照表、損益計算書の前月との差異分析
  ・賃貸対照表を会社ごとに作成し、損益計算書を25拠点ごとに用意
  ・本社及び日本法人社長向けに、広告&マーケティング費用のデータ分析
　　資料を作成
➢部下4名

グローバル株式会社
2010年8月 - 2013年2月　シニアアソシエイト
➢会計
  ・IFRS, US GAAP & JGAAPに基づき月次／年次の財務諸表作成
  ・日本の税法に基づき法人税及び消費税の還付申告準備
  ・監査対策として月次決算、年末調整、書類の準備を実施
➢資産管理
  ・借り換えのためビジネスプランを準備
  ・投資家向け資産管理レポートを作成

スターリー株式会社
2007年4月 - 2010年7月　アカウンタント
  ・会計システムに仕訳
  ・在庫管理システム及びERP（SAP Business One）の導入準備

学歴
2003年4月 - 2007年3月　　中央大学文学部哲学科

語学
日本語（母国語），英語（TOEIC 790）

資格
  ・日商簿記2級（2006）
  ・会計ソフト：勘定奉行及びSAP
  ・マイクロソフトオフィス（Word, Excel 及び PowerPoint）

ご要望により推薦人をご紹介できます。

Tatsuya Ishii
4-2-356, Tago, Kawasaki, Kanagwa 245-2761
Tatsuya.Ishii.jp@gamil.com, 090-2367-XXXX

SUMMARY
Have twelve-year IT network engineer and administrator experience at multinational companies with diversity. Proven problem solving records at small to large size companies. Now seeking for a challenging new opportunity.

KEY STRENGTHS
- Analytical thinking habit
- Productive and Proactive self-starter
- Motivated to learn new technology
- Strong English skills

> 上司が2人いて片方が海外在住であることをアピール

WORK EXPERIENCE

AAA Corporation
Oct. 2015 to Present   IT Division (120 users in Japan & Korea)
Reporting to IT manager in Germany and General Manager of Japan office in Japan

> 数字でスケールを見せる

- Provide local and remote helpdesk support
- Manage IT inventory (Laptops, iPhone/iPad, Software license, PC peripherals)
- Manage IT procurement (Price negotiation and Procurement workflow)
- Manage IT-related budget (iPhone monthly cost)
- Perform PC installation and delivery
- Perform iPhone/iPad setup
- Propose upgrading IT infrastructure

BBB Corporation
Mar. 2012 to Sept. 2015   IT Infrastructure Administrator
(80 users)

Reporting to IT Manager

> 数字を入れる、極小の場合は入れない

> 紙面の都合で途中で改行する場合はキリがよい箇所で

石井 達也

〒245-2761 神奈川県川崎市田子4-2-356
Tatsuya.Ishii.jp@gmail.com, 090-2367-XXXX

キャリア概要

ネットワークエンジニア及びアドミニストレーターとして12年間、多様な社員が務める外資系企業で仕事をしてきました。中小企業から大企業において問題解決能力を高く評価されてきました。さらにチャレンジすべく応募いたします。

強み

・分析思考力
・自ら率先して行動を起こせる
・新技術の学習意欲旺盛
・英語力に秀でる

職歴

株式会社AAA
2015年10月 – 現在　　　IT部門（担当：日本と韓国に120ユーザー）
直属の上司はドイツ在住のITマネジャー及び日本法人社長

・国内及び遠隔のヘルプデスク業務提供
・IT資産管理（Laptops, iPhone/iPad, ソフトウェアライセンス, PC周辺機器）
・IT関連の調達管理（価格交渉及び調達のワークフロー管理）
・IT関連の予算管理（iPhoneの月額費用）
・PC導入及びデリバリー
・iPhone/iPadのセットアップ
・ITインフラのグレードアップ提案

株式会社BBB
2012年 3 月 – 2015年 9 月　　　IT管理者
**　　　　　　　　　　　　　　　（担当：80ユーザー）**

上司はITマネジャー

- Perform basic administration of Active Directory (Create Users/ Computers/Groups, Group Policy)
- Perform PC Installation and delivery
- Manage IT inventory (Laptops/Desktops, PC monitors, IP Phones, Mobile Phones, Network devices)

CCC Corporation
Jan. 2009 to Feb. 2012　　　　　**IT Administrator (100 users)**
Reporting to American IT Manager

- Provide local IT support in corporation with Global IT team
- Escalate critical issues to Global team
- Provide desktop IT support for VIP
- Translate operating manuals for Japanese users

> ITも細部への注意力
> が必要な職種なので
> よく見直す

DDD Corporation -
Apr. 2007 to Dec. 2008　　　　**Network Administrator and**
　　　　　　　　　　　　　　　　　Network Engineer

- Manage, maintain large-scale (1000+ users) corporate network environment including LAN cabling
- Provide technical support for network issue including LAN/WAN connection and dial-up access

> 数字

EDUCATION

2003 - 2007　　Bachelor of Economics, Niigata University
2006　　　　　Exchange student to study English at Vancouver University in Canada for six months

CERTIFICATIONS

- Microsoft Certified System Engineer
- TOEIC 750

SKILLS

> 分野ごとに記載

Network: LAN, WAN
OS:　　　Windows XP, Windows 7
Protocol: TCP, IP
Device:　iPhone, BlackBerry, IP Phone

References available upon request.

- ・アクティブディレクトリーの基本管理（ユーザー/PC/グループ/グループポリシーの作成）
- ・PCセットアップ
- ・IT資産管理（ラップトップ/デスクトップ/PCモニター、IP電話, 携帯電話, ネットワーク機器）

株式会社CCC
2009年1月 - 2012年2月　　ITアドミニストレーター（担当：100ユーザー）
上司はアメリカ人ITマネジャー

- ・国内ITサポートをグローバル・チームと連携して提供
- ・危機的な問題をグローバル・チームに報告
- ・役員にデスクトップ周りのITサポート提供
- ・日本人社員向け運用マニュアル翻訳

株式会社DDD
2007年4月 - 2008年12月　　ネットワーク管理者／エンジニア
- ・社員1000人強の大企業でネットワークの管理及び保守実施
- ・LAN／WANの接続含むネットワークに関する技術的なサポートを提供

学歴
2003年 - 2007年　　　新潟大学経済学部
2006年　　　　　　　カナダ、バンクーバー大学に6か月間の語学留学

資格
- ・マイクロソフト認定システムエンジニア
- ・TOEIC 750点

スキル
ネットワーク：LAN, WAN
Ｏ Ｓ：　　　　Windows XP, Windows 7
プロトコール：TCP, IP
デバイス：　　iPhone, BlackBerry, IP Phone

ご要望により推薦人をご紹介できます。

Haruka Tabei

2-4-7-701, Negishi, Nerima-ku, Tokyo 149-2032
haruka.tabei.0921@gmail.com, 090-1234-XXXX

Career Overview

Experienced and knowledgeable customer support expert seeks a managerial position with a foreign capital company. Will fully leverage English fluency and hands-on experience working in a diverse environment.

Key Strengths

- Poised and even-keeled
- Good at listening
- Adept at problem solving
- Committed to increasing call productivity of the team
- Excellent at leading while empowering the team ← カスタマーサポート分野で理想的なリーダーシップ

Work Experience

OAK Technology Company

April 2009 – Present	Customer Support
May 2016 – Present	Assistant Manager

Reporting to Manager

- Deal with escalated claims from difficult customers
- Actively participate in the process improvement committee to increase call quality
- Make a work schedule for the team
- Manage 14 staff
- Won the Best Team Award for shortening claim handling time by 10% (2017)

数字を入れる

April 2012 – April 2016   Specialist
Reporting to Assistant Manager

田部井 遥

〒149-2032 東京都練馬区根岸2-4-7-701
haruka.tabei.0921@gmail.com, 090-1234-XXXX

キャリア概要
カスタマーサポートの経験豊富な専門家が、外資系で管理職のポジションに就きたいと考えております。多様性と協働しながら英語を活かして仕事をしたく、応募させていただきます。

強み
- 冷静沈着な姿勢
- 傾聴力
- 問題解決能力に優れる
- チームのクレーム電話処理力向上へのコミットメント
- 励まし勇気づけることが得意なリーダーシップ

職歴
オークテクノロジー
2009年4月 - 現在　　カスタマーサポート部門
2016年5月 - 現在　　アシスタントマネジャー
上司はマネジャー

- エスカレーションされた難しいクレームの対応
- 電話対応の質を上げるプロセス向上委員会に、メンバーとして積極的に参加
- チームのシフト表作成
- 部下14名
- チームの電話対応時間を10%削減したことにより、ベストチーム賞を受賞（2017）

2012年4月 - 2016年4月　　スペシャリスト
上司はアシスタント・マネジャー

- Managed <u>40</u> claim calls per day, which exceeded the Company's average by <u>8%</u> ← 数字を入れる
- Dealt with customers' inquiries and disputes by telephone as well as by email
- Trained new hires on communication skills
- Managed three staff ← マネジメント経験は必ず記入

April 2009 – March 2012　　　**Representative**
Reporting to Specialist
- Dealt with product inquiries from customers over the phone on shift
- Made timely judgments on when to escalate complicated calls to supervisors
- Learned basics of customer support work

率先力を表すので記載する

October 2008 – March 2009　　Working holiday in Canada ←
Served customers at a Japanese restaurant while applying for work permit

Education
September 2004 – August 2008　　BA in literature, The University of Toronto

Language Skills
Japanese (Native), English (Fluent)

Qualifications
2010　　Secretary Test Level 2 ←

現在の職務と直接は関係ないが、ビジネスマナーなど共通点もあるので記入

References available upon request.

・1日40コールに対応（会社平均より8％多い）
・問い合わせ及びクレームの対応を電話及びメールにて実施
・新しいスタッフに対し電話応対のスキル研修を実施
・部下3名

2009年4月 - 2012年3月　レプリゼンタティブ
上司はスペシャリスト

・顧客からの商品問い合わせの電話対応（シフト制）
・難しい電話対応を上司に頼むべきかどうか正しく判断
・カスタマーサポートの基本を学習

2008年10月 - 2009年3月　　カナダにてワーキングホリデー

学歴
2004年9月 - 2008年8月　　トロント大学文学部

語学
日本語（母国語）、英語（流暢）

資格
2010　秘書検定2級

ご要望により推薦人をご紹介できます。

Aki Furuta

3-4-5-304, Goishi, Makuhari, Chiba 269-0011
aki.furuta.jp@gmail.com, 080-4251-XXXX

Career Overview

Twelve-year experienced Human Resources expert with both
specialist and generalist careers. Enjoying current HRBP role, but
would like to return to Training career path for future plan.

Key Strengths

人事に関連する強みを選ぶ

· All round HR knowledge
· Keeping confidentiality
· High Ethics standard
· Excellent communication skills
· Strong leadership

Work Experience

成果を測定しにくい
職種はなおさらアク
ティブ動詞を使う

AAA Corporation

April 2017 - Present   HRBP Manager

· Establish good rapport with the head of BU in order to assess his
  HR needs
· Create HR strategies to meet BU needs
· Produce succession plans for BU leaders
· Negotiate with HR practitioner group on service delivery priority
  and deadline
· Actively attend outside HR networking events to pick up the
  latest HR practices

BBB Corporation

July 2014 - March 2017   Manager Human Resources

· Recruited 150 new mid-career employees per year   数字を入れる
· Built good rapport with recruiting companies so that open
  positions can be filled quickly

古田 亜紀
〒269-0011 千葉県幕張市碁石3-4-5-304
aki.furuta.jp@gmail.com, 080-4251-XXXX

概要
人事のスペシャリスト及びジェネラリストとしての経験が通算12年あります。現在のHRBPの仕事はやりがいがありますが、将来を考えて研修分野に戻りたく考えています。

強み
- 人事全般の知識
- 機密保持能力
- 高い倫理観
- 優れたコミュニケーション能力
- 強いリーダーシップ

職歴
株式会社AAA
2017年4月 - 現在　　人事ビジネスパートナー（課長）
- 担当の部門長とよい人間関係を築き、部門のHRニーズをすぐに把握できるようにしている
- 部門のニーズに合った人事施策の立案
- 部門リーダー層の後継者育成計画を部門長と策定
- 人事のプラクティショナーグループと、部門へのサービス納期や優先順位を交渉
- 最新の人事実践事例を知るために、外部の人事交流会に積極的に参加

株式会社BBB
2014年7月 - 2017年3月　　人事部マネジャー（課長）
- 中途社員を年間150名採用
- 優先的に候補者を紹介してもらえるよう、転職エージェントと良好な関係構築を実施

- Collaborated on employee branding with Marketing with the aim of attracting top talents
- Established company policies
- Introduced sales incentive programs

アクティブ動詞で
インパクトを

CCC Corporation
August 2011 – June 2014   Training Manager
- Managed to establish a training section by determining company's training needs, identifying internal/external instructor resources
- Coordinated and delivered training programs
- Member of interview team for new college graduate recruiting

DDD Corporation
April 2009 – July 2011   Specialist, Human Resources
- Conducted secretarial recruiting
- Arranged language training for expats (expatriates)
- Coordinated in-house training programs

出だしを
揃えて
読みやすく

Education
April 2005 – March 2009   BA in Spanish, Sophia University

Language Skills
Japanese (Native), English (TOEIC910) and Spanish (Intermediate)

Qualifications
Career Consultant Qualification (2016)
Social insurance administration certificate (2015)

Training
- 2017 DiSC Qualification
- 2012 Train-the-trainer Program, AMA NY

References available upon request.

144

- ・マーケティング部と協働して、優秀な人材採用のためのブランディング活動を実施
- ・会社規則制定
- ・セールスインセンティブのプログラムを導入

株式会社CCC
2011年8月 - 2014年6月　　研修担当マネジャー（課長）
- ・社内の研修ニーズを調査し、適切な社内外の講師陣を探して、研修セクションをイチから立ち上げた
- ・研修プログラムの調整及び提供
- ・新卒採用の面接チームの一員

株式会社DDD
2009年4月 - 2011年7月　　スペシャリスト
- ・秘書の採用を実施
- ・外国人駐在員に日本語レッスンをアレンジ
- ・社内研修プログラムのコーディネート

学歴
2005年4月 - 2009年3月　　上智大学外国語学部イスパニア語学科

言語
日本語（母国語），英語（TOEIC910），スペイン語（中級）

資格
キャリアコンサルタント資格（2016年）
社会保険労務士資格（2015年）

研修
- ・2017年　DiSC認定講師
- ・2012年　トレーナー養成講座（AMA、NY）

ご要望により推薦人をご紹介できます。

Eri Tomita

2-6-1-202, Hoya, Kita-ku, Tokyo 123-1190
Eri.tomita.jp@gmail.com, 080-4321-XXXX

Career Overview

Ten-year of solid General Affairs experience at an American conglomerate's Japan branch. Stable and Reliable professional seeking for a managerial General Affairs position at a medium-sized growing company.

> 経験年数、自己の特徴、求めている仕事内容を短く具体的に記入

Strengths

- Excellent Coordinator
- Good at documentation
- Customer-oriented
- Friendly personality

Work Experience

AAA Corporation
April 2009 - Present   **General Affairs**

June 2016 - Present   **Manager**
- Overseeing mail room operation
- Negotiating for cost reduction of Express delivery. Achieved 5% cost reduction in 2017
- Supporting preparation of annual stakeholder meeting
- Ensuring document filing
- Managing one staff ← マネジメント経験は重要

> 数字を入れる

June 2013 - May 2016   Assistant Manager
- Led Company's office move project involving Finance, IT and other devisions
- Negotiated for material cost reduction and achieved 7% reduction
- Office move project successfully completed in March 2016

富田 絵里

〒123-1190 東京都北区保谷2-6-1-202

Eri.tomita.jp@gmail.com, 080-4321-XXXX

概要

米系コングロマリット企業の日本法人で10年間、総務の仕事をしています。
安定性／信頼性の高い総務の専門家として、成長期にある中堅企業に転職し
たく応募書類を送らせていただきます。

強み

- 抜群の調整能力
- 書類作成力
- 顧客志向
- 親しみやすい性格

職歴

株式会社AAA

2009年4月 - 現在　　　　　総務部

2016年6月 - 現在　　　　　マネジャー

- メール室の運営統括
- 宅配便のコスト削減において、2017年に5％の削減に成功
- 株主総会の準備支援
- 正確な書類ファイリング実施
- 部下1名

2013年6月 - 2016年5月　　　アシスタント・マネジャー

- IT・経理などの部署を含むオフィス移転プロジェクトを統率
- 交渉の末、資材コストを7％削減
- 会社移転プロジェクトを2016年3月に完遂

October 2010 - May 2013   Specialist
- Responsible for mail room operation
- Issued invoices for vendors
- Checked documents prior to company seal stamping
- Conduced administrative work where other departments are overflowing

細部への注意力は総務にとって必須。
出だしを揃えないと資質を疑われる

April 2009 - September 2010   Staff
- Issued invoices for vendors
- Conducted filing documents
- Dealt with Post Office and Express Mail delivery people
- Conducted stamping of a company seal

Education
April 2005 - March 2009   Bachelor of Commerce, Kansai University

Language Skills
Japanese (Native), English (Intermediate)

Qualifications
Microsoft Office (Word and Excel)
Nissho Bookkeeping Certificate Level 2

References available upon request.

2010年10月 – 2013年5月　　スペシャリスト
・メール室運営業務
・取引業者あて請求書発行業務
・社判押印時、書類確認業務
・他部署への管理業務の応援サポート（繁忙期）

2009年4月 – 2010年9月　　スタッフ
・取引業者あて請求書発行業務
・ファイリング業務
・郵便局員及び宅配員への応対業務
・社判押印業務

学歴
2005年4月 – 2009年3月　関西大学商学部

語学
日本語（母国語），英語（中級）

資格
マイクロソフト・オフィス（Word 及び Excel）
日商簿記2級

ご要望により推薦人をご紹介できます。

Chinatsu Aoki
3-2-765, Noge, Ichikawa-shi, Chiba 278-0023
Chinatsu.Aoki1210@gmail.com, 090-2345-XXXX

Objective
Eight-year procurement experience with strong commitment to cost reduction. Enjoy negotiations with vendors to increase contribution to my employers. Now seeking a new challenge to assume a bigger management position in procurement.

Strengths
- Planning ability
- Negotiation skills
- Attention to details
- Enjoy Diversity

Work Experience
Planet Corporation   **July 2015 - Present**
June 2018 - Present   **Purchasing Manager**

> 購買はコスト削減が貢献度を意味するので、数字は必須

- Achieve on-time delivery of 99% Suppliers ←
- Reduce cost of purchased materials by 3% annually
- Negotiate a new contract with a logistics company, resulting in a yearly savings of JPY2.1M
- Develop and implement process improvement plan to expedite return of defective material to suppliers
- Manage 8 employees ← マネジメント経験は重要

July 2015 - June 2018   Specialist, Purchasing

➢Conduct procurement activities for Plant A in Shiga
- Select vendors via competitive bidding while achieving cost cut by 10%

青木 千夏

〒278-0023 千葉県市川市野毛3-2-765
Chinatsu.Aoki1210@gmail.com, 090-2345-XXXX

目的

会社のためのコスト削減を使命と考え、8年間、購買の仕事をしてきました。業者との交渉でコスト削減が実現すると、会社への貢献度が増す現在の仕事は楽しいです。次のステップとして、購買での管理職を目指したく応募いたしました。

強み

- ・計画力
- ・交渉力
- ・細部への配慮
- ・多様性と協働できる姿勢

職歴

プラネット株式会社　　2015年7月 - 現在

2018年6月 - 現在　　　購買マネジャー

- ・99％の業者からの納期をスケジュール通りに管理
- ・資材購入費の3％カットを毎年達成
- ・物流会社との契約更新により年間210万円のコスト削減
- ・不良品が納入された場合の返品プロセス改善案を策定
- ・部下8名

2015年7月 - 2018年6月　　　購買部スペシャリスト

- ➢滋賀県に拠点を持つA工場の購買活動の責任者
  - ・入札で業者を選定し、10%のコスト削減を達成

- Manage delivery time of all goods to be received at the plant (99% on time)   数字を入れる
- Monitor quality of goods
- Visit the plant on a monthly basis to ensure all procurement aspects and support project management process
➤ Member of global procurement team for plant construction
➤ Train one new college graduate employee   海外との仕事は ポイント高し

Sun Corporation
April 2011 – June 2015   Staff, Purchasing

- Responsible for stationery purchasing
- Conduct company-wide stationery needs survey and analysis
- Reselect stationery vendors
- Negotiate price for bulk purchasing and managed cost reduction of 5%   数字を入れる

Education

April 2007 – March 2011	Bachelor of Art in English Literature, Meiji University
September 2009 – February 2010	Six-month intern at Manchester University, UK

購買も細部への注意力が 必要。出だしを揃える

Language Skills

Japanese (Native), English (TOEIC850)

Qualifications

- Level 2 Certificate of Nissho Bookkeeping (2014)
- Microsoft Office (Excel, Word and PowerPoint)

References available upon request.

　　・工場に到着する納品物の納期管理（99%スケジュール通り）
　　・納品物の品質チェック
　　・工場を毎月訪れ、購買が原因で工場のプロジェクトに支障をきたすこと
　　　がないよう徹底
　➤工場建設に関するグローバル購買チームのメンバー
　➤新卒社員を1名育成

サン株式会社
2011年4月 - 2015年6月　　購買部スタッフ

　・文房具購入
　・文房具のニーズに関する社内調査と分析を実施
　・文房具業者を変更
　・一括購入を実施することで5％のコストカットを実現

学歴
2007年4月 - 2011年3月　　明治大学文学部英文学科
2009年9月 - 2010年2月　　英国マンチェスター大学で6か月インターン

語学
日本語（母国語）、英語（TOEIC850点）

資格
　・日商簿記2級（2014）
　・マイクロソフト・オフィス（Excel、Word 及び PowerPoint）

ご要望により推薦人をご紹介できます。

50の壁

　海外から帰国すると、日本が年齢にこだわる国であることをつくづく感じます。この年齢への偏見は、残念ながら外資の労働市場にも反映されます。

　人生100年時代。50歳なんてまだまだ若く、現実に体力・気力、まったく支障がない人はたくさんいます。しかし採用する側からしたら、「もう少し若い人はいないのだろうか」「モチベーションが下がってきているのではないか」「新しいことについてこられるのだろうか」と疑問符が並び、書類選考に通らないことが圧倒的に増えてしまいます。

　外資の人事にトータル25年在籍した経験から、50歳で書類選考にまったく影響がないのは、執行役員レベルで転職が1～2回か、高度な専門職で人手が足りない場合のみとほぼ言い切れます。

　ほとんどの人は、50歳を超えたら転職が難しくなることを、現在20代、30代の方も覚えておいてほしいのです。今は転職するのが簡単だからと、安易に動き転職回数が多くなりすぎると50歳以降が大変です。

　転職するときは、理由を冷静に分析することをお勧めします。これ以上キャリアアップできないなどポジティブな理由なのか、上司／同僚となんとなく合わないなど他社でも起こりうる理由なのかで、ここはもう少し我慢したほうがよいかどうかが変わるからです。

　50歳以降に備えるためには、何かあったら起業できるだけの専門分野／スキルを持てるようにキャリアを積むのが理想です。

　起業できるほどの知識経験があれば転職にも有利なので、最終的に起業することがなくても本人にはメリットしかないはずです。人生長いので長期的視野でキャリアを築けますように。

第**5**章

外資系企業の
面接に備える

日本企業の面接と違う点

1 ドレスコードは神経質にならなくてOK

　面接と聞くとスーツ姿を思い浮かべる人も多いでしょう。でも外資系の面接では、あまり服装に気をつかう必要はないので安心してください。清潔で、プロフェッショナルに見えれば大丈夫です。

　ただし、多少は業界でスタンダードが異なります。

　堅いと言われる業種（銀行、コンサルタント会社など）であればスーツがお勧めで、ITやベンチャー企業であればジャケットすら不要です。

　とはいえ、堅い業種でなくても日本で活動している外資なので、最低限のマナーは守るようにしてください。例えば、Tシャツ、短パン、ビーチサンダルはIT企業の面接でもカジュアルすぎます。

▶事情があるときは伝えておけば問題なし

　現職の職場で毎日カジュアルを着用している場合、スーツやジャケットを着て職場に行くと、いかにもこれから面接に行くように見えて困ることがあります。

　そのようなときは、事前に採用担当者、もしくは転職エージェントが間に入っているときは彼／彼女に伝えておきましょう。

　途中のトイレなどで無理にジャケットに着替える必要はありません。

　女性もスーツでなくて大丈夫です。ジャケットを羽織ったほうがキチンと見えますが、「ビジネスカジュアルでご来社ください」と言われたら着用しなくてもOKです。

　ヒールのない靴でも構わないので、プロフェッショナルなイメージのポインテッドパンプスやローファーなどを選びます。

あまり派手なネイルは、アパレルなどファッショナブルなことを求められる業界以外では避けたほうが無難です。

私の25年間の人事経験で、服装が理由で議論になった人は3人しかいません。

1人は、米系金融機関の就活生で、当時紺色のスーツが定番だったときに茶色のツイードのスーツで現れ、物議を醸しました。

外資なので個性があるのはよいけれど、ここまで個性が強いと団体行動が取れないのではという議論です。非常に優秀だったので内定を出しましたが、最終的に第一志望だった広告会社に入社しました。

2人めは中途採用の候補者で、面接で座った途端に肩のフケが目立つ人でした。常識がなさすぎるという理由で落ちました。

3人めも中途採用の候補者です。ITの立ち上げ企業に勤めていたとき、カエルの大きなモチーフがついたTシャツと短パン、ビーサンで現れました。いくらなんでもカジュアルすぎるという理由で次のステップに進めませんでした。

▶「ビジネスカジュアル」の具体的な服装は？

そうはいっても採用担当からの連絡に「服装はビジネスカジュアルで大丈夫です」と書いてあるとき、どのような服装をしたらよいか迷う人は多いようです。そこで、「これなら大丈夫」という服装を書いておきます。

ビジネスカジュアルの場合、スーツを着ていく必要はありません。無難に行きたければジャケットを羽織り、そうでなければジャケットも不要です。ただし、あまりチャラチャラしていない服装を男女ともに選んでください。

男性は、襟のあるシャツにきちっとしたパンツ。季節によってジャケットはあってもなくても大丈夫です。

女性は、ワンピースにジャケットくらいを目安にしてください。もちろん、上下別々のスカートとブラウスやシャツでも構いません。

２ 面接の基本は「１対１」

日本企業の面接の場合、１対複数ということもよくあります。外資は個人主義の傾向が高いせいか、１対１であることが圧倒的に多いです。

▶相手の立場を考えて受け答えする

気楽であるともいえますが、たった１人の面接官が、候補者を次のプロセスに進めるかどうかを決めるので、相手がどのような立場の人かを考えながら受け答えをすることがポイントになります。

例えば、候補者が経理のコントローラー（経理部のNo.2）だとします。半年前に入社したばかりですが、転職先を探しています。彼女の転職理由は、グループ４社の合併話が持ち上がり、一度は彼女の上司の反対で白紙になったものの、上司があと１年で定年なので再び合併話が再燃し、本社以外の子会社のコントローラーが職を失うことは目に見えているから、というケースです。

この場合、**面接官が誰であるかによって、上記の転職理由の説明方法を変えることが望ましい**と言えます。

一次面接が人事部門の人ならば、人の話を聞くことに慣れていますし、転職理由等の詳細まで全部話しても問題ないと思います。細かい枝葉の情報があることで、信憑性が増すこともあります。

無事に二次面接に進み、二次の面接官がアジア・パシフィック（APAC）の経理のトップで海外にいるとします。この方は非常に忙しいでしょうし、何より英語で説明することになります。

枝葉の部分、先の話で言えば、「４社の合併話をいったん上司が握り

つぶしたものの、もうすぐ定年で辞める」という情報は細かすぎます。

APACの経理のトップがそこまで細かいことに興味があるかどうか、また英語でそこまでの詳細を説明できるかどうかを冷静に判断して、「グループ4社の合併話があり、一度は白紙になったものの、再燃して自分のポジションがなくなり失職することが見えている」と、短く簡潔に説明するのがお勧めです。

日本法人の社長が日本人で、最終選考で面接することになったときも同じです。

社長の目線に合わせると、枝葉の情報は不要になります。「端的に、ロジカルに」を心がけ、相手は経営者なのでマクロの話にしか興味がないことを心に留めましょう。

▶**面接官が複数だったら**

面接会場に行ってみたら、面接官が複数いたらどうすればよいでしょうか。

例としては、大手企業のマーケティングのポジションで、3つの商品が対象になるような場合、どの商品に一番マッチしている候補者かを見極めたくて、それぞれの商品のマネジャーが同席するようなことはありえます。

慣れていないと1対多数の面接はプレッシャーになりがちですが、動じないことが肝心です。面接の基本は変わらないので、自分の実力を出すようにベストを尽くしましょう。

外資での面接は、基本1対1。**面接官が、人事・部門の課長・部門長・社長・海外にいるファンクション（経理・人事・マーケティング・法務など）の長なのかにより、視座の高さを変える**のが成功する面接のコツです。

万が一、1対多になっても慌てず、ルールは何も変わらないことを思

い出してください。質問者の目線に合わせて答えましょう。

3 基本的に敬語を使う

　日本語は３種類の敬語が存在する難しい言語です。面接のときは緊張もあって、日常使用している言葉がポロっと出てしまいがちなので注意してください。これは日本企業の面接でも同じですね。

　以前、とてもフレンドリーなカスタマー・サポートのマネジャー候補を面接しました。帰国子女で、日本語の敬語がギリギリ使えるかどうかのボーダーラインレベル。次に進めるべきかどうか悩みました。
　帰国子女だから日本語についての評価は甘めにしようとしたのですが、途中で「あのね」が出た瞬間、候補から外しました。
　カスタマー・サポートのマネジャーということは、部下たちを育成する立場でもあるわけで、その人の日本語に疑問符がつくようでは、会社として安心して仕事を任せられないからです。

▶SNSは採用担当者も見ている

　以前はSNSがなかったので自分の判断に任せるしかありませんでしたが、今なら本人のFacebookをチェックします。
　友人の人事部長には、多忙でSNSを見たり発信する時間もないのに、顔写真なしのアカウントを持っている人が複数います。用途は、面接したマネジメントレベルの候補者について、少しでも疑問が浮かんだらSNSをチェックするためです。
　SNSほど本人の"人となり"がわかるツールはなく、人事にとってはありがたい確認手段の１つです。
　文章にすると言葉づかいが荒くなるような方は、転職活動中はSNSの発信をやめたり公開範囲を制限するなど、よく注意して発信するようにしてください。

4 面接当日の動きと流れ

▶早めに受付に到着

当日は、早めに受付に到着しましょう（詳細は170ページを参照）。

外資の面接では、候補者同士が鉢合わせしないようにスケジュールを組みます。候補者のＡさんとＢさんが廊下ですれ違い、「もしかして、同じポジションの候補者なんだろうか…」と思うような場面は、まずありません。

遅くとも面接予定時刻の５分前には受付に到着して担当者への取次をお願いするか、設置してある電話から指定の番号に連絡しましょう。

▶出迎えてくれた人も重要

通常は、誰かが出迎えに来てくれます。この迎えに来てくれた方を粗雑に扱わないようにしてください。

面接をしてみて、面接官が候補者の態度が少し横柄だと感じたとき、「あなたにはどんな態度だった？」と聞く相手が、このお出迎えの人だからです。

面接官ではないアシスタントだからと軽く扱ったり、上から目線で応対すると、あとで痛い目を見ることになります。面接の勝負は、受付に着いたときから始まっていることをお忘れなく。

▶部屋に通されたら

案内してもらって部屋に通されたら一瞬待ち、「奥にお座りください」とドアから遠いほうの席を指されてから座ります。

面接官が入室したら立ち上がって挨拶を返し、双方座ります。面接官が名刺を出したらこちらも出したほうがよいですが、英文履歴書を見れば会社も所属もわかりますので、無理に渡さなくても大丈夫です。

名刺を渡して会社に電話がかかってきたら困る、と身構える候補者も

いますが、プライバシー保護には十分に注意を払いますので杞憂です。

　外資で飲み物が出される場合は、コーヒーかミネラルウォーターが多いです。「どうぞ」と言われなくても、「いただきます」と言って自分から飲んで構いません。特に飲みたくなければ、無理に飲むことはありません。ここは自由で大丈夫です。

　面接が終わったら、面接官自らがエレベーターまで見送ってくれることが多いと思います。エレベーターの中で扉が閉まるまで丁寧にお辞儀をして、扉が閉まれば面接終了です。

どのくらいの英語力が必要か

1 以前は「上司が誰か」によるので単純だった

　世界がボーダーレスになる以前、外資企業に入社するにあたって自分にどのくらいの英語力が必要なのかの判断は簡単でした。

　執行役員・本部長になるまでは、上司が外国人であれば英語力が必要でしたが、上司が日本人であれば日々のオペレーションで英語を使う場面はそれほどないのが普通だったのです。

　時が流れて企業がグローバルになるにつれ、役職が高くなくても、海外本社やアジア・パシフィック圏内など世界の様々な国と仕事をする可能性が出てくるようになりました。

　つまり、役職の高低だけでは必要な英語力が判断できない時代に入ったわけです。

　私の知り合いに、TOEIC850点で日本企業から外資に転職した人がいます。

　日常会話には困らない英語力ですが、上司と同僚の1人が外国人で、1週間に一度、アジア・パシフィックの電話会議に書記として参加しなければならず、正直苦戦しています。

　求められる英語力のレベルが、本人の想像をはるかに超えていたようです。面接のときに確認しなかったのかと聞いたら、しなかったとの返答でした。

　外資で必要な英語力は、そのポジションが置かれている状況によるので、確かめてから入社しないと想像以上にハードルが高いことはありえます。

2 役職や部門によって変わる英語力

一口に「外資系企業」といっても求められる英語能力には大きく差があります。

ここでは、実際にどのくらいの規模の会社で、どの仕事にどの程度の英語力が求められるのかについて解説します。わかりやすくするため、TOEICの点数を目安とします。

▶最もハイレベルの英語力が要求される仕事

はじめに、グローバル度100％の仕事について。

例えば、上司が海外に置かれた本社勤務で、自分は日本支社の社長という場合です。同僚も、それぞれ自分と同じように各国の支社長という立場になります。

当然、上司や同僚とのやり取りは、すべて英語。メールもビデオ会議も英語のみのコミュニケーションとなります。

この場合、求められる英語力はTOEICで言えば900点以上が求められます。

支社長クラス以外でレベルの高い英語力を求められるのが、グローバルなプロジェクトに携わるITエンジニアです。

グローバル企業に所属するITエンジニアは、インド、中国、オーストラリアなどのエンジニアとプロジェクトを組んでいる場合もよくあります。

そのため、コミュニケーションの多くを英語で行う必要があり、役職が高いかどうかに関係なくTOEIC900点以上の英語力が必要です。

次に、グローバル度90％程度の仕事についてです。立場で言えば、社長の直属の部下の本部長クラスとなります。

外資系は、「マトリックス組織」と呼ばれる複数の指揮命令系統によ

って組織を管理運営する形態をとっていることがあります。そのような形態の場合、例えば経理部長が業績レポートを提出する際には、日本法人の社長だけでなく、アジア・パシフィックの経理責任者にもレポートを出さなければならないことがあります。

そのため日本法人には日本語のレポートを、アジア・パシフィックの外国人責任者には英語のレポートを提出する必要があります。TOEICで言えば800点以上が必要となります。

事業部長以外では、マーケティング・マネジャーにも同じようなレベルの英語力が求められる可能性があります。

例えば上司が外国人で、英語でのコミュニケーションが必要になることもあります。また、本社からロゴやフォントの使用に関するマニュアルが届いたら、それを読んで不明点を問い合わせたりなど、直接、海外とやり取りする可能性も出てきます。

役職にかかわらず、仕事で海外との関わりが頻繁にあるのであれば、TOEIC800点は必須です。

▶それほど英語力が求められない仕事は

通常の仕事のやり取りは基本的に日本語で、英語力が求められるのは「たまに事業部長にレポートするときくらい」というのであれば、TOEIC700点くらいあれば大丈夫です。

では、自分自身が英語で発信したり、英語での会議に参加する必要がない場合は、どのくらいの英語力が求められるのでしょうか。

ほとんど仕事で英語を使う必要がないのであれば、時折送られてくる英語のメッセージが読めて、会社の方向性が理解できればOKです。TOEICは600点くらいが目安になります。

職種でいうと、国内セールスやエンジニアになります。海外セールスや海外プロジェクトに参加しているエンジニアは、前述したように高い英語力が必要です。

外資系企業に勤めていても、物流・製造の現場スタッフの場合はほとんど英語力がなくても仕事はできます。ただ、リーダーの場合は、英語のマニュアルを理解しなければならないことがあるため、TOEIC500点ほどの英語力は求められます。

　現在、企業のグローバル化が進み、求められる英語力は現場によって変わってきています。自分が応募したポジションで、どのくらいの英語力が必要なのかは、入社前の面接時によく確認することをお勧めします。

3 面接でスタッカート英語は避ける

　面接で英語を話すときは、焦らずゆっくり話すことを心がけましょう。
　緊張して慌てると早口になる人が多く、単語が出てこなくて途中でストップして、思い出してまた早口で話そうとする、を繰り返すことになりがちです。
　面接官にとって非常に聞き取りにくい英語になります。

　帰国子女ではなく英語を外国語としている人が候補者の場合、面接官は最初から完璧な英語を期待していません。ただ面接なので、聴きやすい会話であることは期待されています。
　慌てて早口で切れ切れに話すのではなく、どっしり構えて、少しゆっくりでもよいので、途切れることなくスムーズに話すことを目指してください。
　急がば回れではありませんが、自分を高い英語力保持者に見せたければ、力を抜いて少しゆっくりめに話すことです。ゆっくり話すことで、精神的にも安定しているように思われ、慌てふためかない器であることを示すことにもなります。

「読む・書く・話す・聞く」
どの能力から伸ばすべき?

　仕事で求められる英語力は、会社や携わる業務内容によって大きく異なります。ビジネスの現場では、英語4技能といわれる「読む・書く・話す・聞く」がバランスよくできることが理想です。

　しかし、実際には日々の業務に追われてすべての技能を高く伸ばす時間的余裕がないというのが現状です。では、いったいどの能力から伸ばしたらいいのでしょうか。

　まずグローバルな時代にビジネスの現場で圧倒的に求められるのが、読む力と書く力です。

　これは役職に関係なくメールのやり取りから始まり、マニュアルの理解、契約内容の確認等で英文を読む必要が出てくるからです。文章を書くことに対しては、ロジカルに要点をまとめ簡潔に書くことが求められます。

　ある程度の英語力があって、さらにビジネス英語の読む力・書く力を強化したいのであれば、半年くらい英字新聞を読むことをお勧めします。

　すべての紙面を読む必要はありません。自分の興味のある分野を半年くらい読んでいると、自分の中に溜まった英語がいつか、読む力・書く力としてだけではなく、能動的に話す力・聞く力になります。

　聞く力と話す力は、立場が上になればなるほど重視されます。ネット会議では、早口のネイティブスピーカーや、アクセントや発音の異なる各国担当者の発言を正確に聴き取り、理解することが求められます。

　同時に、こちらの意見を求められることも多いため、話す力が十分に備わっていないと会議への参加が難しくなります。

　本文に書いたように、今は外資系企業といっても様々な業務形態があり、求められる英語力も変わってきました。

　「外資系に転職したいけれど、英語スキルが低いからムリ」だと諦めるのではなく、まずは読み書きの練習からチャレンジしてください。

国際電話で恐怖の面接！

　英語で仕事することにだいぶ慣れた頃、ステップアップのため転職をすると国際電話での恐怖の面接が行われることがあります。何が怖いかというと、相手の表情やボディランゲージで意図を汲み、こちらも「あ・うん」で汲んでもらおうという作戦が通用しなくなるのです。

　初めてボストンにある本社のリクルーティング・ディレクターと電話面接をしたとき、心の底からせめてオンライン面接ならいいのにと思いました。

　相手の顔がまったく見えないと日本人同士でもやりづらいのに、初めて話す相手がアメリカ人なのですから、そのプレッシャーたるや並大抵ではありませんでした。

　案の定、スタートしてすぐに思ったことは、外資の日本法人に勤務している外国人の英語は、日本人の理解度に合わせて会話のスピードがゆっくりになっているという事実。早口炸裂で、聞き取るのがやっとでした。

　この人は、かなり訓練を積まれた経験ある面接官で、今まで聞かれたことがない質問が次から次に出て、必死でなんとか答えました。

　面接が終わり電話を切った途端、背中が冷や汗だらけなことに気がつきました。どれだけ緊張したかを物語っています。なんとか面接に合格はしましたが、面接現場で必要なアドリブ力が、電話面接やオンライン面接ではさらに必要だと再確認した経験でした。

　海外と電話やオンラインで面接になったら、声が少しでも聞きとりやすい回線を使うことと、面接に正解はないので、しどろもどろにならずに答えるが成功の鍵です。

　自信がなかったら模擬面接を受けたり、できれば海外にいるオンライン友と話して英語圏にいる外国人の会話スピードに慣れておくといいですね。日本にいる外国人は、来日したてでない限り自然なスピードよりゆっくり話していることを覚えておいてください。

第**6**章

これが受かる
面接のコツ！

外資ならではの面接ポイント

1 遅刻は挽回できない致命的なミス

日本企業の面接でも同じですが、絶対に遅刻しないでください。

自分の面接ですら遅刻するような人は、お客様のアポにも遅れるのではないかと面接官にネガティブな印象しか残しません。

遅刻はあとからの挽回が非常に難しいミスです。

15分前には着いて、座るところがあれば座って待ち、座るところがないようでしたらもう一度出直しても構いませんが、5分くらい前には受付から電話をできるよう備えたいものです。

やむを得ない事情でどうしても遅刻してしまうことがわかったら、すぐに転職エージェント、もしくは採用担当者に連絡を入れます。ここで嘘をついて言い訳をしても意味がありません。

「申し訳ありませんでした」と誠意をもって謝るのが、自分に不利な中で一番すがすがしい対処の仕方です。

遅刻する候補者を企業側は警戒します。大切な面接の日に遅れないよう、ゆとりをもって出かけてください。

2 携帯は眠らせる

携帯は面接の前にマナーモードにしておきましょう。稀に日頃の習慣からか、机の上に携帯を裏返して置いてしまう候補者がいますが、携帯が鳴ったとしても面接中に出るわけにはいかないので、カバンにしまってください。

面接の間は、目の前にいる面接官とのやり取りに集中しましょう。

以前、面接していたら携帯が鳴った候補者がいました。候補者が慌てて電源を切った後、冷静に面接に戻るのに時間がかかり、その後のコミュニケーションがギクシャクしてしまいました。これはもったいないです。「面接中は、携帯を眠らせる」が鉄則です。

3 面接官とアイコンタクトを取る

アイコンタクトは、候補者がどのくらい英語に慣れているかが一発でわかる指標です。

英語圏はアサーティブな文化圏ですので、相手の目を見てコミュニケーションを取るのがスタンダードです。現職が日本企業の場合、相手の目をあまり見ないように入社の際に言われているかもしれませんが、ここは大きな違いです。

面接をスタートして10分くらいで候補者に違和感を感じるとき、このアイコンタクトが取れていないことが多いのです。

面接官は「英語に慣れていないかもしれない」と思うと、途中で質問の言語を英語に切り替えて、どのくらい実際に英語が話せるのかを確認します。

日常のコミュニケーションでアイコンタクトを取る習慣がない人は、話している言語に関係なく、すぐにでもアイコンタクトの練習を始めることをお勧めします。

最初は相手の目を見ることができなくても、意識することで少しずつできるようになります。友人・家族などに相手役をお願いして、アイコンタクトが取れる状態になってから外資の面接を受けるようにしましょう。

4 うなずき過ぎない

日本語でうなずくのは、「あなたの話を聞いています」というサインです。共感を示すためにうなずくわけですが、文化が違う英語圏でうなずくことは、「あなたの話に同意します」を意味します。

例えば、話の内容としては"No"と相手に伝えたいはずなのに、ボディランゲージでうなずいていると、相手はYesなのかNoなのかわからず混乱します。

いくらうなずいても"No"を英語で明確に伝えられれば問題はありませんが、そこまでの英語力がない場合は、うなずき過ぎる習慣を直したほうが早いです。

私はあるとき、上司のアメリカ人駐在員と話していて、「Why do you nod so often? Which do you mean Yes or No?」（なんでそう頻繁にうなずくんだ？　君の答えはYes、Noどっちなんだ？）と言われたことがあります。

頭を動かないように押さえられ、"By the way, this is not sexual harassment."（セクハラじゃないからな）とも言われました。

アメリカ人のセクハラへの神経質度は日本人から見ると滑稽なほどですが、私がうなずき続けていることが、それほど英語ネイティブには気になったというエピソードです。

私はこの経験以降、うなずき過ぎる癖を直そうと決めました。

具体的にはどうしたか？　まず、日本語で話しているときに5分、うなずかないと決めます。これは現実的にはほとんど不可能で、習慣で首が動くのが自分でもわかります。

こんなに頻繁にうなずいているんだ、と再認識できたら、時間を10分、15分と伸ばしていき、英語で話しているときにも「うなずかないと決め

る」を繰り返しました。どのくらいの時間を要したのか覚えていませんが、英語で会話をしているときにうなずき過ぎる癖は直りました。皆さんも試してみてください。

　日本語でうなずくのは共感力を示す、英語でうなずくのは同意を示すです。
　面接が英語になったときに頻繁にうなずく候補者は、英語に慣れていないことが一瞬で露呈します。

5　自己紹介で地頭力を判断される

　面接の冒頭で「簡単にこれまでの経歴をご自分の言葉で説明してください」と言われたら、地頭のよさが試されていると思ってください。
　履歴書を送っているのに経歴を今さら聞くのは失礼ではないか、という感想を耳にしたこともありますが、面接官の質問には必ず意図があります。

　自分の経歴を端的にわかりやすく説明できるかどうかは、イコールIQの高さにつながります。この最初の質問の答え方でつまずくと、面接官にネガティブな先入観を与えます。以下に、これまでに経験したよくない例を2つ挙げましょう。

a）説明が回りくどく、同じようなことを繰り返し話す
　ロジカルであることを求める外資の面接で、避けたいコミュニケーション・スタイルです。端的に明確に、が大事です。

b）丁寧すぎて話が長い
　職歴が長い候補者が、新卒時代から1社ずつ丁寧に話すので、話が長すぎて途中でさえぎらざるを得ませんでした。
　経歴説明に時間をかけすぎると面接が進まないので、時間配分に配慮

しましょう。採用する側の立場に立つと、知りたいのは直近の10年、特に直近の2社で何をしていたかです。

　大学を卒業したてで専門分野がなかった頃の話を延々と聞いても、現在、どのくらい即戦力になるのかを判断できません。

　面接で過去の経歴の説明を求められたら、直近の仕事について詳しく、端的に、ロジカルに話すことを心がけてください。

1万人を面接した
元・人事部長が教える7つの面接のコツ

❶ 書いたことはすべて答えられるように

　面接をしていると、英文履歴書に書いてあることについての詳細を聞くと答えに詰まる方がいます。

　誰かに代行して英文履歴書を書いてもらったのだろうか、と一瞬疑いそうになります。最近の職歴については問題ないかと思いますが、10年以上前の職歴でも詳細を求められて返事ができない状態は回避したいところです。

　例えば、下記のように英文履歴書に書いていたとします。

2004 - 2008　　AA LOGISTICS

Customs Broker

・Negotiate price packages with customers

・Propose new services to customers and implemented them

・Create flight and delivery plans

・Conduct import and export declarations to customs

2004年 - 2008年　　ＡＡ物流

税関貨物取扱者

・顧客との価格交渉

・顧客に新しいサービスを提案施行

・フライト及び配送計画の作成

・輸出入の税関申請業務

これは今から10年以上前の職歴です。採用する企業が新商品の導入を考えていたとすると、次のような質問をすることがあります。

　「AA物流でお客様に新しいサービスを提案されたとありますが、具体的にはどんなサービスだったのでしょうか？」

　当然、なんらかの答えが返ってくるはずですが、返ってこないことがあるのです。

　理由としては、ａ）時間が経過しているため、とっさに昔の仕事の内容を思い出せない、ｂ）履歴書には書いたものの、中身が伴うほどの大きな提案ではなかったので失念した、が考えられます。

　どちらにしても、面接官の質問に答えられないのは残念です。

　27、32、174ページに、10年以上前の職歴はあまり重要視されないと書きました。そうはいっても、聞かれて答えられないのは心証がよくないので、英文履歴書は提出する前によく読んで、記憶が定かでないなど詳しく聞かれて困る箇所は削除しましょう。

２ 質問には意図がある

　面接官の質問にはすべて意図があります。

　面接の冒頭で「経歴を簡単に説明してください」と言われたら、相手は地頭のレベルを見たいのだと理解して、手短にロジカルに説明しましょうと、173ページでお伝えしました。

　他にも、「次の職場に何を求めますか？」と聞かれたら、相手はどんな答えを期待しているでしょうか。

　ある候補者が「駅の近くで、コンビニがあるなど買い物が便利なところです」と答えました。これを聞いて私はびっくりしてしまいましたが、この返答はそもそも補足説明が足りていないことがわかりました。

　現在、残業が多い仕事をしており、会社から駅までが遠いため深夜のタクシー代がかかって困っているので、駅に近いところが理想。食料補

給にスーパーに寄る時間もないほど忙しいので、近くにあったら便利だと実感している状態ということでした。

　自分の現状をそのまま正直に、言葉が足りないまま話してしまったようです。嘘のない誠実な方なのだと思いますが、面接ではもう少し違う回答が望まれます。

　面接官が期待する答えは「マネジメント経験を深めてよりよいリーダーになりたい」とか、「新しいチャレンジをして経験値を上げたい」「さらに成長できる機会を得たい」などです。

　同じ「次の職場に何を求めますか？」という質問に、「休暇が取れること」と答えた候補者もいます。

　もちろん、休暇取得は労働者の権利なのでちゃんと取得してプライベートも充実させてほしいのですが、面接のときの模範解答かと言われればこちらもNOと言わざるをえません。

　そして残念ながら、こちらの回答も説明が足りていませんでした。

　「旅行が大好きなので旅行会社に入社したものの、社員が休暇を取れる期間と1回の休暇の長さに不文律があって、かなり制約されることが入社後わかり、その点を次の転職では改善したいと切実に思っている」が、正直なところでした。

　まだ働き始めていない、つまり会社への貢献をスタートさせていない時点で「休暇」を持ち出すのはあまりお勧めしません。どうしても譲れない軸がそこにあるのであれば、現状をきちんと説明しないと、やる気がないのではないかと誤解されます。

　面接官の質問の意図を考えて回答するよう心がけると、面接がうまくいきます。聞いている人が誤解しないように、情報不足にならないようにしましょう。

3 面接に落ちたかどうかはわかる？

- -

　面接を受けたあと、次のプロセスに進めるかどうかを判断する１つの目安は、面接官の反応です。

　とても気に入ってくれた場合と、失礼にならないように候補者と会話を続けているけれど実は断ると決めている場合では、面接官の態度がもちろん違います。

　一番わかりやすい目安は、面接時間でしょう。30分で面接が終了したら、落ちた可能性もあります。

　一般的には、45分から１時間が妥当な線です。これ以上の時間を面接官に費やしてもらえたら、次のステップに進めることがほぼ決まりです。

　ただし、例外もあることをお伝えしておきます。

　どの企業にも、よい候補者でも面接時間が短く、候補者に失礼で人事を悩ませる管理職が１人はいます。

　英文履歴書に沿って着実に質問を重ねていくというよりは、フィーリングの好き嫌いで決めがちです。このような面接官に当たった場合は、よい候補者でも面接が短めに、例えば20分くらいで終わってしまうことがあるかもしれません。

　そう考えると、面接を受けた企業からきちんとお知らせが来るまでは、思案しても仕様がないということになります。

4 とにかく「即戦力」をアピールする

- -

　外資で求められるのは、候補者が30歳以下でキャリア模索中でない限り、即戦力です。

　今、入社して、会社の様子がわかったらすぐに貢献できる経験・スキルは何か、ということが重要です。面接では即戦力にフォーカスして話すことが成功の鍵です。

　時々、今、何を勉強中なのかを延々と話してくれる候補者がいます。例えば、CPA（Certified Public Accountant、米国公認会計士）の資格を勉強中などです。

　英語圏の企業は、頑張っている「プロセス」ではなく、受かったかどうかの「結果」重視の文化なので、進行形で、まだ結果が出ていないことをアピールしすぎないことが肝心です。

　TOEICの勉強についても努力をしていることを伝えるのは悪くはないですが、スコアという結果に勝るエビデンスはないので、英語を勉強している話題に触れる場合は軽く話す程度にしましょう。

5 面接官が圧迫面接を仕掛けてきたら

　圧迫面接とは面接手法の1つで、候補者に対して意地悪な質問をしたり、否定的な態度を取ってプレッシャーをかけるスタイルです。

　人事の間でも「圧迫面接」については、価値観の違いで是非がわかれます。

　私個人は、候補者に失礼だと考えているので圧迫面接をしたことはありませんが、同僚には、圧迫面接で「メンタルの強さ」と「本当にロジカルかどうか」がわかると言う人もいます。

　候補者の受け取り方も様々で、必ずしも「失礼」と受け取る人ばかりではないようです。以前、外資勤務の30代の方と圧迫面接の話題になったとき、過去にされたことがある人が2人いて、どちらも「真剣勝負という感じがして、受けて立とうという気になった」と言っていました。皆さんは、どう感じるでしょう。

　もし、あなたの面接官が圧迫面接を始めたら、たじろがず冷静なまま淡々と面接をこなすことが肝心です。

怖気づいて自信がないところが見えると、さらに押されることになりがちなので、試されているだけだと割り切って質問に淡々と返答してください。

個人的にあまりにひどい対応を面接で受けたら、その後の採用プロセスを進めるかどうかを、候補者のほうが考え直したほうがいいかもしれません。

一次面接を突破し、二次面接官の態度を見て、その人も圧迫面接をするようだったら企業文化かもしれないと判断し、それ以上プロセスを進めないという選択もあるでしょう。

二次面接官から受ける印象がまったく違うようだったら、一時面接官の個人的な価値観・性格によるものかもしれない、という結論も出せます。

6 オープニングで笑顔を繰り出す

適性検査で「内向的」と出る人は、外資の面接には少し不利です。部署やポジションにもよりますが、一言で言うと、明るくてハキハキしている人が好まれるからです。第一印象が暗いのはいただけません。かといって、もの静かな人が急にあっけらかんと明るくなるのは難しいものです。

特効薬は、**最初に「××です。よろしくお願いいたします」と挨拶するときに、1回でいいので笑顔を繰り出す**ことです。

第一印象は大切です。「暗いなぁ」「人づきあいが悪そう」と瞬間的に思われたら、その印象が尾を引きます。ネガティブなイメージが作られる前に、笑顔で打ち消しておきましょう。

このことは性別問わず男女に当てはまります。ほどよく感じがいい人を装うために、出だしで笑顔を作りポジティブなイメージを演出します。

普段、笑わない人にとっては少し苦痛かもしれませんが、ここは外資の面接なのでパフォーマンスが必要です。

以前、オンラインで外資系志望の転職希望者に模擬面接をしたとき、お相手の男性が仏頂面で怖い印象を与えるので、矯正するのに苦労したことがあります。

もともと少し強面気味のうえ、緊張して目力が強くなるので輪をかけてイメージが悪く、本番の面接にどう備えるか頭を悩ませました。

出した答えは、彼の場合は「コンタクトレンズを入れない」でした。面接ではモノを書いたり読んだりする場面はないので、文字がハッキリ見える必要はありません。

彼の場合は、ちょっとかすんでいるくらいで柔和な顔つきが引き出せたので、ウルトラC技でしたが結果はOKでした。

7 「候補者のハッタリを見破る方法」を逆手に取る

外資で生き残るためには、アサーティブであることが求められます。これは自分をアピールする力、ほどよく主張する力です。

外資の企業文化に慣れてしまうと、アピールしすぎるハッタリ屋さん候補者が次々と登場します。嘘をついているわけではないけれど、100の力を150にも見せようとするツワモノです。

採用する側もこれに対処しないといけないので、Behavior Interview（行動型面接）を用います。これは、候補者の発言の裏をきちんと取ろうと深掘りしていく面接の手法です。

実例を挙げると、私が物流会社に勤めていたときにグローバル物流部のNo.2を採用しようとしたことがあります。ある候補者が、頭はキレるし弁も立つけれど、いやに面接慣れしているように聞こえるのが気になりました。そこでBehavior Interviewに切り替えました。

「XX社で全社をまたぐシステムを導入されたと書いてありますが、これはどういうプロジェクトでしたか？　詳しく教えてください」

返答が漠然としていて、腑に落ちません。

「このプロジェクトは、何人でどのくらいの期間をかけて行い、予算はいくらでしたか？」と具体的に聞いてみました。

数字を伴う返事が返ってきませんでした。

それから数回やりとりして、「システム」というと通常は大きなものを想像しますが、彼はエクセルで社内の関係部署の仕事の流れを部分的に拾ったものを作ったにすぎないとわかりました。
いわゆる「ハッタリ屋さん」なわけです。彼はそこまでとなり、次のステップには進めませんでした。

175ページで、「英文履歴書に書いたことは深く質問されても答えられるようにしておいてください」とお伝えしましたが、まさしくこれです。
本来は数字を書くようなところで"Many"を使っていると、「たくさんって書いてありますが、数えると何社くらいですか？」と聞かれます。
外資なのでアピールするのはOKですが、限度はあるのでやりすぎないように。採用する側から見たときにハッタリの域に入っていると思われない一線は守りましょう。100の力を120に見せようとするのはOKですが、それ以上はやりすぎです。

第7章

よく聞かれる質問と
模範的回答

よく聞かれる15の質問
質問意図と答え方

1 経歴について

> Please briefly explain your background.
> 経歴を簡単に説明してください。

173ページで書いたように、面接の冒頭で経歴を説明してくださいと面接官が聞くのは、地頭のレベルを知りたいからです。

コンパクトにわかりやすく説明できるかどうかが試されています。大枠だけを説明するタイプなのか、細かい枝葉を話さないと気が済まないタイプなのかも、話し方で相手に伝わります。

面接の冒頭で求められているのは、アウトラインです。細かい情報は面接官が聞きたいと思えば質問しますので、あまり詳細にこだわらずにどのようなバックグラウンドなのかがわかるように話します。

回答サンプル1. 一貫して人事畑の候補者

キャリアに紆余曲折がなくブランクもない方は、ありのままを端的にロジカルに話せば大丈夫です。

I joined P&G Japan after graduating from college and embarked on my HR career. I was an assistant and a generalist. I moved to Goldman Sachs Japan as Training Manager and developed the section from scratch. I needed to start with a training needs assessment before deciding which training programs the Japan entity needed.

Four years later, I joined Vickers Asia Pacific, which covered 13 Asian countries. I coordinated a merit increase process and also helped with recruiting. The job was rewarding with lots of overseas travels. It was unfortunate the Company merged with another US company and quite many employees lost their jobs as a result. Moving to Eli Lilly Japan as HR Manager, I was responsible for all aspects of HR except Employee Relations. I made two major achievements there: discontinuing the seniority-based compensation program and leading a huge merger.

大学卒業後、P&Gジャパンの人事部で、人事職としてのキャリアをスタートしました。その後、ゴールドマンサックスの研修担当マネジャーに転職しました。研修部門を一から立ち上げました。ここでは、日本法人で必要とする研修プログラムを決定する前に、研修ニーズの検証から始めました。
4年後に13か国を統括するヴィッカーズ・アジア・パシフィックに転職し、昇給プロセスのコーディネーションと採用活動のサポートを行いました。海外出張が頻繁にあり、やりがいのある仕事でした。アメリカの他の企業と合併し、多くの社員が失職したのは残念でした。その後、日本イーライリリーに人事マネジャーとして転職し、労務以外の仕事の責任者をしていました。年功序列型の賃金制度の廃止と大きなM&Aを遂行したことの2点がこれまでの業績です。

回答サンプル2.　経歴に紆余曲折がある場合

　キャリアを途中で変えている場合は、なぜなのかが面接官に伝わるように説明することが重要です。
　下記は、大学卒業後、家業を継ぐべく実家を手伝い始めましたが、結局、IT Support Engineerとして就職した例です。

I helped my father's precision machinery business for five years after graduating from college. I learned how to make precision machines and gradually moved to a position where I managed all production line of the factory. However, as the machinery business was not really where my heart was, I wanted to change my career and started going to a programming school on the weekends without telling my father at first.

When my father eventually agreed to get my younger brother to be his successor, I was freed from the family business and subsequently joined ABC Company as Support IT Engineer in 2015. My main responsibility is to provide employees with PC, laptop, peripheral and office network support.

大学卒業後、父の精密機械工場を5年間手伝っていました。モノづくりを学び、次第に工場の製造工程を監督する立場になりました。ただ、実は精密機械のビジネスに興味がなかったので、週末密かにプログラミングの学校に通っていました。

父が弟を後継者にする決断をしてくれたので、私はファミリービジネスから解放され、2015年にABC株式会社にサポートITエンジニアとして入社しました。主な仕事は、社員のPC、ノートパソコン、周辺機器及びオフィス内ネットワークのサポート一式です。

② 志望動機について

> Why would you like to join our company?
> 志望動機を教えてください。

　志望動機は、候補者の本気度が露呈しやすい質問です。採用担当者としては、滑り止め程度に思っている候補者に時間と労力を費やし、最後に内定を出してから断られる事態は避けたいので、候補者にとって自分たちが本命の企業なのかを探ろうとします。

　受けている企業が本命であれば「熱意」を伝えることが重要です。とりあえず受けている第一志望以外の企業でもHPを読んで企業研究を行い、ロジカルな志望理由を組み立てておきましょう。

　準備なく急に聞かれると、他社にも当てはまるような志望動機を答えがちです。

　改めて言うまでもなく、採用する側の立場に立ってポジティブに聞こえる内容かどうかを確認する作業が必要です。

　候補者の個人的欲求を満たす理由、例えば「年収、会社の名前がブランド」などは、採用する企業にとって好ましい志望動機ではありません。

　もちろん、現職で人間関係がうまく行っていないこと等を正直に話すのは避けましょう。状況を正確に客観的に描写することは難しいですし、「ケンカ両成敗」のルールからすると、相手だけが本当に悪いのかどうかは判断が難しいので、話すことで生まれるメリットはないからです。

回答サンプル1. キャリアのステップアップを望んでいるが、社内にポジションがない

The reason why I would like to join your company is that I want to upgrade my career. I am marketing specialist with my current employer. Given my boss, marketing manager, has been working for the company for 17 years, I doubt there will be any opportunity for me to step up to her position. I like my current employer and love my job, but my only chance for professional growth is to seek a job outside.

御社への志望動機は、ステップアップしたいからです。現職はマーケティング・スペシャリストです。上司はマネジャーなのですが彼女は同じポジションに17年留まっており、私が彼女のポジションに昇格するチャンスはないと思います。今の仕事は好きなのですが、専門性を高めたいと考えたら外部に出るしかない状況です。

回答サンプル2. マネジメント経験を積みたい

The reason why I am seeking a new opportunity at your company is that I would like to step up to a managerial position. My career goal is to lead a team. As I have not managed any staff so far, I have decided to apply for the position with your company.

御社に入社したい理由は、マネジメント経験を積みたいからです。将来、チームのリーダーになりたいと思っていますが、これまで部下を持ったことがないので、今回の求人ポジションへの応募を決心しました。

回答サンプル３. 現職の労働環境（残業時間が多すぎるなど）に不満がある場合

　現職の不満だけに焦点を当てて説明すると、言葉が足りなかったりして面接官が誤解してしまうことも考えられます。例えば、「やる気がないのでは」とか「文句が多いのかな」などの誤解です。

　伝えることは構いませんが、現職のネガティブな労働環境に触れた後は、そのこととまったく関係なく「なぜ御社なのか」が伝わるようにしましょう。

I love my work, but I have been doing 80 hours' overwork on average per month in the past nine months. It is beginning to affect my health and my motivation. I would like to challenge your company's open position, where I look forward to working globally with colleagues overseas.

仕事はとても好きなのですが、直近９か月は平均で月80時間の残業をしています。体調にもモチベーションにも少しよくない影響が出始めています。御社の求人ポジションに受かって、海外の同僚とグローバルに仕事ができたら幸いです。

3 転職回数について

> You changed jobs often. Can you explain the reasons why?
> 転職回数が多いようですが、その理由を教えてください。

　この質問は、転職回数が多い候補者は必ず聞かれると思ってください。回数が多いとは、１社あたりの在籍年数が３年を切るかどうかが目安です。

例えば、30歳で４社めとすると、22歳で大学を卒業したとして８年の
社会人経験です。８年を４（社）で割ると２年です。１社に平均２年し
か勤めていないことを繰り返している候補者ということになり、英文履
歴書の選考段階で落ちてしまうかもしれない経歴です。

　採用する側から見て、転職回数が気になるのはなぜでしょう？
　１つの求人を埋めるためには、採用コストがかかっています。
　広告費や、書類選考をして面接をする担当者の人件費といった金銭的
なコストも然りですが、関わる社員の時間・労力もあります。
　やっと採用したと思ったらすぐ辞められたのでは困るというのが本音
です。また、人は習慣の生き物なので、４社のすべてで２年間しか務ま
らなかった人は、次の職場も２年だろうと推測されてしまいます。

　ここをどう切り抜けるかは考えどころです。基本は「嘘をつかない、
正直に答えすぎない」です。具体例を見てみましょう。

【事実】

日本企業に入社し配属された経理の仕事が合わず２年で転職。外資のマ
ーケティング部で仕事は楽しいが、先輩からのいじめに苦しみ１年半で
離職。半年のブランクを経て、違う外資のマーケティング部に入社した
が、同僚とそりが合わず２年８か月で転職。現在４社め29歳。

【改善前】

I joined a Japanese company upon graduation from college. I was
assigned to the finance division which didn't allow me a spontaneous
expression of my creativity at all. Moving to a foreign-capital company,
I faced bullying by a coworker and ended up quitting after a year and
a half. After a half year of job search, I joined the marketing
department of another foreign-capital company. I left the company
because I could not sustain a working relationship with my coworkers.

　この答え方は、正直に話しすぎているのが課題です。これでは人間関係に問題がある人と思われても仕方ありません。2社立て続けに人間関係で退職しているので、人づき合いが苦手な側面はあるのかもしれませんが。

　パワハラ、セクハラ、いじめなど、何かと問題が多い現代、人間関係が理由で辞めるまでに追い込まれた経験が1回ぐらいあるのは、採用側も理解します。
　ただ、これが2回以上になると、候補者本人に問題があるのではないかと思うのが面接官の心理です。1回は本音でよいですが、2回めは人間関係以外の理由にしたいところです。

【改善後】

Graduating from college, I joined a Japanese company where there was no say for the new recruits in terms of job preference. I was assigned to the finance division where rigid adherence to rules and fixed work processes was very important, when I am a spontaneously creative person by nature. I judged I wouldn't be successful in finance and asked my boss to move me to the marketing division. It didn't work out.

I decided to take the initiative to change my career path and joined a foreign-capital company in marketing. However, there was one coworker who was senior to me in rank and I had hard time with him bullying me.
After a year and a half, I reached a point where I couldn't endure his bullying anymore and quit the company.

I was hired in the marketing division of another foreign-capital company. I supported marketing activities of one product launch and left the company after a successful completion. I am currently marketing specialist with Dream Company.

大学卒業後、新卒に配属希望を聞かないのがスタンダードである日本企業に就職しました。生まれつき独創性が高い自分なのですが、規則に厳格で業務プロセスが固定化された経理部に配属されました。このままでは花開かないと思い、上司にマーケティング部への移動を願い出ましたがダメでした。

自分のキャリアは自分で切り開こうと決意して外資のマーケティングに転職しました。しかしここで先輩のいじめにあい、1年半努力しましたが、限界に達し退職しました。

その後、別の外資系企業のマーケティング部門に就職しました。ある商品の発売イベントに関わり無事に成功したので退職し、現在、ドリーム社のマーケティング部でスペシャリストをしています。

(補足)

　上記では、面接官から以下の質問が予想されますので、対策を考えておきましょう。

・24歳で4社めですか。次の転職先には何年くらい勤務する予定ですか？

・ドリーム社で、次の商品の発売イベントに携わりたくはなかったのですか？

4 仕事内容について

> Please explain what you do at your current company.
> 現在の仕事の内容を教えてください。

　この質問への返答で肝心なところは、今回の求人要件に合っていることから話すことです。

　多くの候補者は、自分のメインの仕事や実績が大きいことから話しますが、それが求人要件に載っていない内容だとしたら、面接官が冒頭から興味を失う可能性があります。

回答サンプル1.　セールス

　候補者にBtoBとBtoCの両方の経験があったとします。今回の求人内容は法人営業です。この場合は、まずはBtoBの経験を語るのが理想です。

I have increased revenue by 25 percent on average for the last three years. My top clients are ABC and EFG. They comprise 70% of my revenue volume. I am about to make a deal with another major cosmetics company.

過去3年間、利益を平均25%増やしています。ABC社とEFG社が大きなお客様で、私の売上げの70%を占めています。もう1社、大手の化粧品会社と取引を始めようとしているところです。

回答サンプル2.　秘書

　現職は役員付きの秘書で、1つ前の職場ではグループ付きの秘書でした。今回の求人はプロジェクト・コーディネーターなので、大勢の人々と効率よく仕事ができるかどうかが問われます。

I support a VP who is a board member. My job is to manage his schedule, arrange both international and domestic travels, coordinate meetings, etc. As he travels quite often and his list of priorities fluctuates as well, multitasking is a required skill. He often stops by my desk to tell me how much he appreciates my high productivity and flexibility.

現在、役員であるVice President付きの秘書をしています。仕事の内容は、彼のスケジュール管理、国内外への出張の手配、会議の準備などです。出張が多く仕事の優先順位も変わるので、同時に複数の業務を遂行できることが重要です。生産性の高さと柔軟性については、上司に褒められることが多いです。

5 長所と短所について

> **Please tell us your strengths and areas for improvement.**
> あなたの長所と短所を教えてください。

　この質問では、長所に時間を割いたほうがよいことと、短所を強みのように言い換えられるかどうかが鍵です。
　これまでに、「慎重すぎることが私の弱みです」と正直に答えられた候補者がいました。誠意がある方なのだとは思いますが、残念ながら外資での面接という状況で望まれる返答ではありません。
　「慎重なお蔭で、ミスをしないことに助けられています」など、ものは言いようです。もちろん、嘘だけはつかないでください。

I have three strengths. One is efficiency. I can complete a task faster than anyone. My efficiency always helps me be a person of high productivity. My second strength is perceptiveness. I am quick to size up people. This is an attribute I utilize in dealing with potential customers in the most effective manner. My third strength is leadership. I have been playing leadership roles since junior high school.

My area for improvement is that I may not be cautious enough on occasion. Well, being overly cautions can lead to a loss of a good opportunity, though….

強みは3つあります。まず能率のよさです。誰よりも早く仕事を処理する能力があり、そのため高い生産性をあげられています。2つめの強みは、観察力です。相手がどんな人柄なのかを読むのが早いです。潜在顧客にアプローチする時に役に立ちます。3つめはリーダーシップです。中学校のときからリーダーの役割を担ってきました。

改善点は、慎重さに欠けることがたまにあることです。まぁ、慎重すぎるとチャンスを逃すこともありますけれど…（で終わらせる）

6　最大の功績について

> **Please explain your biggest achievement.**
> 今までの職歴で一番うまくいった仕事について教えてください。

　自分の職歴を見渡して、一番スケールが大きい仕事について話しましょう。

　部門賞をもらった、売上げ目標を180%達成した、12支店でのSAP導入プロジェクトを納期通りに成功させた、ある部署をイチから立ち上げたなど、誰が聞いても「達成」と思える仕事です。

回答サンプル1.　カスタマーサポート

My biggest achievement was to decrease the turnover ratio of my customer support section to 5% at Company YY. Dealing with complaining customers over the phone can be quite stressful, and the turnover ratio of the team used to be 21%. Recruiting and training new staff from scratch is costly, and the five percent figure is quite low in the customer support field. I am, therefore, proud of what I managed to contribute to the company.

YY社でカスタマーサポートの離職率を5%に下げたことが、私の一番の功績です。電話でのクレーム対応はストレスが高い仕事で、チームのかつての離職率は21%でした。スタッフを採用してイチから育成するにはコストがかかります。5％はカスタマーサポート業界としても低い数字です。私がやってきたことが会社に貢献できたことを誇りに思います。

回答サンプル2. 経理

　比較的ルーティンワークが多い経理の仕事、特に一スタッフである間は数字の処理に追われ判断を求められないことも多いので、大きな功績を述べることが難しい職種です。

　このような場合、新しいシステムを導入したなど、ルーティンワークではない仕事を経験しているとラッキーです。もし、日々の業務を回していることが多かった場合は、経理にとって不可欠な「正確さ」を前面に出しましょう。

My work tends to be routine work. For example, I manage accounts payable and receivable. My biggest contribution to my employer is the fact that I am meticulous and don't make mistakes. Since accuracy in numbers is critical in the world of finance, my attention to details makes me a perfect finance professional.

私の仕事は、売掛金・買掛金の処理などルーティンが多いです。ミスを犯さない性格であることが、これまでの職場に対しての最大の貢献だと思ってい

ます。経理で数字が正確かどうかは致命的なので、細かい作業に向いていることは大きな強みだと思っています。

注）担当者からの質問（一番大きな貢献）に対して、返答が最終的に自分の「強み」になっていますが大丈夫です。これ以上、深掘りされることはないでしょう。

7 失敗談について

> **What is your failure story at work?**
> 職場での失敗談を教えてください。

完璧な人間は存在しないので、失敗があることはまったく構いませんが、答えてから面接官に改めて聞かれる前に、どのようにリカバーしたかも添えると問題解決能力があるとみなしてもらえます。

回答サンプル1．添付するファイルの取り違え

In contacting a client, I once attached its competitor's data file by mistake and emailed it to the client. They were so alarmed by the way I handled confidential information that they contacted my boss to express their concern. I immediately visited the client in person, apologized and got them to delete the file from their system.

あるクライアントとのやり取りで、競合他社のデータファイルをミスで添付し、クライアントにeメールで送ってしまったことがあります。私の極秘情報を取り扱う姿勢に大きく疑問符がつき、先方は私の上司にクレームをあげました。即刻、自ら謝りに出向き、先方のITシステムからデータを削除させてもらったことがあります。

回答サンプル2. クライアントの状況読み間違い

When I was in charge of Seishin Hospital, I visited the surgeon punctually on the designated date. It so happened that he had just finished a long, urgent operation and was exhausted. Not knowing this, I related to him as usual. However, he was in no frame of mind to discuss medical instruments. He became so upset with my lack of thoughtfulness that I almost lost the deal. In order to mend the relationship with the doctor, I drafted a proposal useful to his practice utilizing my company's medical devices and revisited him later.

清新病院の担当だったとき、担当の外科医を指定の日時に訪ねました。急患の長い手術を終えたばかりで疲労していると知らず、私はいつも通りに接しました。先生は疲れていて医療用機器の話をするゆとりがありませんでした。配慮が足りないと怒られ、もう少しで取引停止になりそうでした。関係の再構築のため、弊社の製品を使った彼の役に立ちそうな提案を書き、後日再訪しました。

8 面接先のイメージについて

> **What is your general impression of our company?**
> 弊社にどのようなイメージを抱いていますか？

　この質問は、会社研究をきちんとしているかどうかを見極める質問です。本命ではない企業だとしても、HPを事前によく読んでおくことは基本中の基本です。

Initially, I thought of your company as a pioneer in diabetes medicines. Studying the company HP, however, I learned that you are trying to expand into other fields. I knew that you were active in CSR activities, and I was impressed that you are actively promoting community events.

　糖尿病薬の草分けというイメージをもともと持っていました。現在は他の領域も強くしようとしているとHPを拝見してわかりました。CSR（Corporate Social Responsibility、企業の社会的責任）活動にも積極的だとは知っていましたが、コミュニティのイベントを積極的に支援していると知り素晴らしいと思います。

9 リーダーシップスタイルについて

> **What is your leadership style?**
> あなたのリーダーシップのスタイルは？

　部下のいる求人ポジションであれば、候補者のリーダーシップスタイ

ルが気になるのは当然です。どのようなスタイルでも構わないのですが、実例もあげることができると面接官が納得しやすいです。

回答サンプル1. 権限移譲タイプ

I am good at delegation. Since what I can do on my own is limited, leveraging everyone's respective strengths is important. Suppose my team has a new project to work on, I would first hold an all-staff meeting, explain the outline of the project, share information, and assign tasks to each member. I don't believe in micromanagement as it undermines motivation.

私は権限移譲をするタイプです。私1人でできることには限りがあるので、個々の強みを活かすことを重要と考えます。新しいプロジェクトをチームで手がけることになったら、まず全スタッフを集めてプロジェクトの大枠を説明し、必要な情報を共有して、誰が何をやるのかを決めます。マイクロマネジメントは、やる気を削ぐと思っています。

回答サンプル2. エンパワーメントが得意なタイプ

My leadership style stresses empowerment. I'm a believer in the power of focusing on people's strengths and achievements and complimenting them, as opposed to nitpicking and finding faults. Even when I am about to give constructive criticism, I would start out by mentioning something positive about the employee. It would make it easier for them to listen to my feedback with an open heart.

私のマネジメントスタイルは、エンパワーメント型です。あら探しや欠点探しをするのではなく、スタッフの強みや業績に視点を向け、褒めることがよいと信じています。これから注意しなければいけないときも、まずは相手の

ポジティブな話からスタートします。そのほうがスタッフも心を開いて、フィードバックを受け入れやすくなるからです。

10 将来のプランについて

> **What is your future dream, five years from now, ten years from now?**
> 5年後10年後、あなたはどうなっていたいですか？

　変革の激しい現代において、5年も先のことを聞いてもその通りになるとは限りませんが、聞かれることが多い質問です。目標を持って仕事をしているのか、日々の業務を流しているのかを知りたいのが本音です。どのような目標でもよいですが、他の会社に転職しないと叶わない夢や起業したい（つまりは退職することになると今からわかっている）などの夢は語らないほうが賢明です。外資の場合、一生この会社にいてくれるとは思っていませんが、5年先に辞めることを入社時に計画している社員を積極的に採用したい会社はありません。

回答サンプル1.　責任範囲の拡大

I would like to be in charge of both export and import operations in five years. Since my logistics experience has been limited to the export side, I would like to expand my knowledge and experience so I may grow to hold accountability over both exports and imports.

5年後には、輸出入両方のオペレーションを担当したいです。これまでの経験は輸出だけだったので、知識と経験を増やして輸出入両方に責任を持てるようになりたいです。

I have only managed myself in my career so far. I would like to assume a position where I can manage staff and a team in five years. I believe that I need management experience in order to grow professionally.

これまで１人で仕事をしてきました。５年後には自分の部下やチームを持つポジションに就きたいです。人材としての価値を高めるには、マネジメント経験を積むことが必要だと考えるからです。

11 現在の年収について

> **What is your current compensation?**
> 現在の給与は？

　「現在の年収は、正直に答えなくてもよいでしょうか？」と、キャリアフェア等でよく質問されます。

　今から20年くらい前まで、外資系企業のほとんどは源泉徴収票の提出を求めていませんでした。年収について、多少サバを読んだ数字を伝えても気がつかれなかったわけです。

　転職は年収を上げる大きなチャンスだったので、10〜20％くらい多めに言うことがまかり通っていました。私も、源泉徴収票を求められたことは１社しかありません。

　時が流れ、６〜７年前から源泉徴収票の提出が必須になってきました。面接で収入を多めに言ったとしてもすぐにわかってしまうということです。嘘をつくとリスクが伴うので、正直に答えたほうが無難です。

My current salary is 5.5M yen. My expectation is 5.8M.

現在の年収は550万円です。希望年収は580万円です。

　上記のように答えておいて、年収交渉は間に入ってくれている転職エージェントに任せるのが無難です。

　直接、採用担当とやり取りしているのであれば、どのくらいの線で妥協するのかをよく考えておいてから給与交渉に入るようにします。ただし、採用する企業側はお金にばかり執着する候補者を、あまりよく思わないことを心に留めてください。

　人件費を少しでも減らしたいわけではなく、すでに外資勤務の優秀な候補者で、年収にばかり注意を向ける人はいないとわかっているからです。優秀な人材は、外資勤務なら現職でも厚遇されていることが多く、仕事で成果を見せれば金銭的な報酬はついてくると理解しています。

12　残業について

Are you willing to work overtime?
残業はできますか？

　「できない」と答えるとやる気がないように映りますが、あまり積極的に残業は歓迎ですという態度を見せるのも、入社後のことを考えるとよくありません。

　面接はお見合いで双方向なのですから、この質問が出たらどのくらいの残業が見込まれるのかを聞いてみてください。

ワークライフバランスにフォーカスして比較的正直に

I don't mind overtime work if necessary. Having said that, I also value work-life-balance. May I ask how much of overtime work the predecessor used to do?

必要な残業はいといません。一方で、ワークライフバランスも大事にしたいと思っています。具体的に、このポジションの前任者はどのくらいの残業をしていたのでしょうか？

回答サンプル２．**自由時間で仕事のスキルアップをしたいとアピール**

I have been putting in 60 hours' overtime per month at my current employer. This is one of the reasons that I decided to change my job. As a web designer, I need to keep honing my skills, but too much overtime makes it impossible to attend seminars or go to a technical school after work. May I ask how much of overtime I should expect?

現職では月60時間の残業をしており、今回の転職活動を決意した理由の１つになっています。ウエブ・デザイナーとして常にスキルを磨く必要があるのですが、残業が多いと、セミナーや学校に行けません。どのくらいの残業が予想されるか教えていただけますでしょうか？

🔢 結婚している女性への質問

> (To a married woman) Can you handle overtime work?
> （結婚している女性に対して）残業することはできますか？

　外資では少ないとはいえ、今でも結婚指輪をしている女性候補者に子供がいるかどうか、残業できるかどうかを聞いたりする面接官はいます。その人が自分の上司になる場合は、採用プロセスを進めるかどうかは考えたほうがよいです。ただやっかいなのは、会社の文化を体現している場合と個人的な見解である場合の両方があるので、その質問だけで企業文化を判断するのは早計です。憤慨する前に、冷静になって見極める必要があります。

〈面接官〉

Are you married? Do you have kids? Oh, you are a working mother. Does it mean you can't do overtime work?

結婚しているんですか？　お子さんは？　ワーキングマザーなんですね。残業は無理ですか？

〈あなた〉
回答サンプル１.　実家が近く支障がない場合

I live near my parents. When I can't go home early enough, my children will go to their house. Therefore, overtime is no issue for me.

実家が近いので、私が早く帰れないとき、子供は両親の家へ行きます。ですから残業は問題なくできます。

回答サンプル２.　会社を出る時間に制約がある場合

My kids go to an after-school childcare center. As the center finishes rather early, I will need to leave the office by 18:00. I can take home work with me and finish it after my kids go to bed. Would that be OK?

子供は学童保育に行っています。でも終了時刻が早いので、会社を18：00には出る必要があります。家に仕事を持ち帰って、夜、子供が寝てから残業することは可能でしょうか？

注）無理をして「できる」と言っても、現実的にトラブルになることがわかっている場合は、正直に伝えておき入社後、協力を得られるようにしておいたほうが賢明です。

14 出社可能日について

> **When can you start?**
> いつから出社できますか？

　日本の労働法では、2週間前に通知すれば退職できることになっていますが、就業規則で1か月前には通知を出すように規定している会社が多いです。

　現実的には、オファーレター（内定通知）が出てから、平均で2か月後に新しい職場に移るケースが多いです。

　もちろん、ポジションレベルによっても違い、ディレクター以上だと2か月で辞めることは難しいかもしれません。

　日本企業にお勤めの一般社員が、4か月間辞められませんというのは通常は受け入れにくいです。そのような場合は、理由を詳細に説明する必要があります。

回答サンプル1. スタンダード

Well, given today is November 15, I would like to join the company on

January 1. Would that be OK?

今日が11月15日なので、1月1日付で入社できたらと思います。よろしいでしょうか？

回答サンプル2. 会社に4か月待ってもらいたい

I am leading a company-wide project. I am afraid it would be irresponsible of me to quit before completion of the project. Would you wait four months and let me join you on March 15?

現在、全社プロジェクトのリードをしております。プロジェクト完了前に辞めるのはかなり無責任かと思われます。4か月お待ちいただいて、3月15日の入社ではいかがでしょうか？

（注）この場合、4か月は長いと必ず言われるので、なんと答えるか決めておきましょう。適材を探すのが難しい仕事であれば、採用する側は4か月待たざるを得ないですが、そうでなければ、もっと早く入社できる人は他にいないだろうか、という発想になります。

15 他に面接を受けている企業はあるか

Are you talking to other companies?
他の会社も受けていますか？

　複数の面接が同時進行していることは自然です。ここで「御社しか受けていません」と言ってみても、後で複数企業から内定が出る事態になったら、「実は…」ということになるので、正直に答えておいたほうがよいです。

本命ではない企業に対して

I am in the interviewing process with two other companies in the same industry. One is your competitor. I've just completed the first round of interviews with each and am waiting for their replies.

同じ業界の2社とも面接が進んでおります。1社は御社の競合です。2社とも一次面接が済んだばかりで、結果待ちです。

（注）　1社が競合であることを伝えるのは、他社からも引きがある魅力的な人材と思ってもらいたいからですが、面接官のタイプによっては逆効果になる場合もあります。無難に行きたい場合は、受けている会社が競合であることは言わないでおきましょう。

回答サンプル2. **本命の企業に対して**

I am in the interviewing process with two other companies. But you are my first choice, for two reasons. First, as engineer, I would like to engage with cutting-edge IT technologies, which I am sure I will find at your company. Secondly, your area of specialization is growing rapidly, and I prefer to work in an expanding business. Therefore, I do hope we proceed to the next stage.

2社とプロセスが進んでいます。御社を第一志望と考えており、理由は2つあります。第1に、エンジニアとして最先端のIT技術に関わっていたいので、それが御社のポジションなら叶うということ。第2に、御社の専門分野は成長が著しく、拡大する事業で働けるからです。ぜひ、次のステージに進めるよう願っています。

第**8**章

候補者だって
質問しよう

採用面接を、採用する側が一方的に候補者を選ぶ場だと思い込んでいませんか?

　面接は、いわばお見合いです。候補者も緊張しないで、企業をよく見極めるようにすると転職に成功できます。そのためには、面接の最後に「何か質問はありますか?」と聞かれたときに、聞いてみたいことを遠慮しないで質問することが肝心です。

　自分が知りたい情報が得られるだけでなく、質問によっては「なかなか鋭い候補者だな」と採用担当者に好印象を残すことができます。

　この章では、候補者が採用側に質問したいことのサンプルを紹介します。

　「候補者がこんなことを聞いて大丈夫なんだろうか」と心配しないでください。

　外資の面接官は、英語圏の文化出身か、日本人でも外資系勤務が長いとか帰国子女が多く、候補者が質問することをなんとも思わないか、むしろ積極的で好ましいと受け取る人達です。

　それぞれの質問から企業のどんな側面が見えるのか、採用担当者からどんなリアクションが考えられるのかについて解説していきます。

1　求人ポジションについての質問

空席の理由・期間について

> Why is this job open, and how long?
> このポジションが空席になった理由と期間をお伺いできますでしょうか?

　外資系でも日系でも現職の人間が転職することは当然あります。単純

な転職であればいいのですが、上司が難しい人で部下がついていけず次々と辞めていたり、仕事量が多くて続かなかったりすることもあります。

　そのまま正直に候補者には伝えないでしょうが、この質問をしたときの採用担当の反応で、「何かおかしい」かどうかを察知することは可能です。

〈採用担当者の回答〉

➡ A good sign　It's a new position due to business expansion. We just started looking two weeks ago.

➡ よい兆し　「このポジションは、ビジネスの拡張に伴って新設されました。2週間前に採用活動がスタートしたばかりです」

　ビジネスが好調なのは候補者にとってよい状況です。さらに最近できたばかりのポジションであれば、採用担当者も優先順位を高くして臨みますので、候補者がマッチすれば早く決まる確率が高くなります。

➡ A warning sign　The person in charge resigned. We've been looking to fill this position for eight months.

➡ 要チェック　「前任者が退職しました。求人を始めて8か月になります」

　8か月も空席のままなのは気になります。スタッフレベルのポジションだとすると、内定を出したものの辞退されて振り出しに戻るというサイクルを、2回くらいは経ているかもしれません。

　マネジャーレベルのポジションでも、これまで誰にも内定を出していないとは考えにくいです。それでも決まらないのは、何か理由があるのでしょう。この質問だけですべてを決めつけるのは危険ですが、慎重に検討したほうがよいでしょう。

職責の変化について

> Is there any possibility that the job description will significantly change in the next few years? If so, in what way?
>
> 入社して数年以内に、職責が大きく変化する可能性はあるのでしょうか？ もし可能性があるようでしたら、どのように変わるのか教えていただけると有難いです。

外資系企業の前提は、「想定外が起こりうる」ことです。

ただ、職務内容に関しては、「ここまでが自分の仕事の領域」という感覚が強い人材の集まりなので、会社が適当に変更すると社員たちから抵抗されるとわかっています（仕事は会社が一方的に申し渡すものではないということです）。

この質問をすることで、会社の成長ステージを理解できます（成長ステージについては235ページを参照してください）。

➡ A good sign　No, we don't foresee any significant changes down the line. However, if there is a possibility of changes, we'll make sure to give you appropriate training if necessary to help you step into the new role smoothly.

➡ よい兆し　「特に変更になる予定はありません。万が一、変わる場合は、スムーズに新しい仕事に移れるよう、必要であれば適切な研修を用意します」

職責が変わることもあるでしょうが、どのように会社としてサポートするつもりがあるのかがわかると安心です。

➡ A warning sign　Yes, it sometimes happens. But we don't know at this point what sort of changes they will be.

➡ 要チェック 「仕事の内容が変わることはありえますが、今の時点でどのように変わるかはわかりません」

組織は変化するので、仕事の内容が多少変わることや、社員に異動をリクエストする状況はありえます。

面接の場での採用側の言いようは、他にいくらでもあります。にもかかわらず、上記のような回答が返ってきたら要注意です。

面接で言われた職務内容と入社後の仕事内容が違う、というストレスを抱えたくない方は先に進めないほうがよいでしょう。

ポジションの必要性について

> What are the key factors driving the need for this position?
> このポジションが必要となる主な理由を教えていただけますか？

この質問は、ポジションレベルに関係なく、会社における立ち位置を確認したり、採用担当者がこのポジションをどう考えているかを理解する一助になります。自分に何を求められているのかを認識することも可能です。

➡ A good sign This position is crucial to our business because it is designed to monitor the customers' shifting needs and preferences. The information it gathers directly affects our entire organization.

➡ よい兆し 「このポジションは、お客様の変わっていくニーズや好みをモニターすることが責務なので、弊社のビジネスにとって非常に重要です。集めたデータが組織全体に直接的な影響を与えます」

このように、組織に対する影響まで言及している回答であれば、空席になっているポジションの会社内での立ち位置がわかります。

It's a new position. We thought it would be a good idea to create something like this.

「これは新設のポジションなんです。まぁ、なんとなくこのようなポジションがあったほうがよいかなと思いました」

ポジションを新設するニーズはあったのでしょうが、職務内容まで落とし込めていない印象です。入社後、思い描いた仕事内容と違うような事態が起こりそうです。

求人ポジションの会社での立ち位置について

> I read your company mission statement. Where is the position located in the overall scheme?
> 御社のミッション・ステートメントを拝見しました。このポジションは、御社のビジネスプランにおいてどのような役割を果たすのでしょうか?

面接に行く前にHPを確認することは必須です。HPにすでに書いてある情報を質問してしまうと、「HPを確認してないんだな」と印象が悪くなります。

ちゃんと読んできていることを示したうえで、さらに深く知りたいという姿勢を示すことが肝心です。この質問は、マネジャー以上の方にお勧めします。ビジョン重視の好印象を残せます。

➡ **A good sign** We have two main goals. First and foremost, we are in the market to provide quality products to the public. Secondly, we constantly aspire to lead the industry in market share. This position is critical for achieving these goals because its principal function is to discover what the consumers are seeking. Being on top of consumer needs and wants helps us maintain a dominant market position.

➡ よい兆し　「弊社には2つの主たる目標があります。何より第1に、質の高い一般向けの商品を消費者に提供することです。2つめは、常にマーケットシェアで業界をリードすることです。今回の求人ポジションは、お客様が何を求めているのかを発見するのがメインの仕事なので、2つのゴールを達成するために不可欠です。消費者の希望やニーズに立脚することが、我々が市場で圧倒的に優位な地位を維持することに役立つのです」

　入社後、何を求められているのかが明確ですし、ポジションの役割もはっきりしていてわかりやすいです。

➡ A warning sign　Our main goal is to sell our products, of course. The whole purpose of the position is to boost our top line in any way possible.

➡ 要チェック　「弊社のゴールはもちろん、商品を売ることです。あらゆる手段で売上げを増やすことが、このポジションの存在意義です」

　答えに会社としてのビジョンが欠けています。
　「とにかく売上げが上がればよい」というメッセージだけを外部の人間（この状況では候補者）に伝える姿勢は、リーダーとしてあまり優秀ではない印象です。この方が将来の上司になる場合は、よく考えたほうがよいでしょう。

　立ち上げ企業やベンチャーなどに想定外の日々が多い可能性は当然ありますが、キチンとした企業であれば最初に「弊社は今、急成長のステージにいます。このポジションに当面は××をやってもらおうと思っていますが、将来的に変わる可能性はあるので、そこは理解してください」と伝えてくれます。

2 適性・評価についての質問

ポジションの課題について

> **What are the top three challenges that I may face in this job?**
> このポジションに私が就けたとして、入社したら直面するであろうチャレンジを3つほど教えていただけないでしょうか?

　入社してからの「こんなはずではなかった」を回避するためにも、面接官の人格や社員への接し方を垣間見るためにも有効な質問です。すぐ思いつくチャレンジが3つもなければ、それはそれで安心です。

　➡ A good sign　Sometimes, you'll have to work under time pressure because the task may be time sensitive. You'll also have to occasionally handle upset customers who call in with complaints. And you must have a strong desire to learn and keep improving your skills because there is a training seminar every three months for the first two years.

　➡ よい兆し　「この業務では時間が重要になるので、時間的プレッシャーの下で仕事をしていただくことが時々あると思います。たまには、クレームの電話をしてくるお客様の対応も発生します。さらに最初の2年間、3か月に一度の研修に出ていただくことになりますので、学ぶ意欲とスキルを磨く向上心が必要です」

　入社後、何が大変そうかを明確に答えてくれていて、自分に合っている仕事なのかどうか、できそうなのかどうかを判断しやすくなります。

➡ A warning sign　It will be difficult to maintain a work-life balance because it's a demanding job and you'll be expected to do a lot of overtime work. In addition, you'll be frequently interrupted when people from other departments want you to do something.

➡ 要チェック　「忙しい仕事で残業も多く、ワークライフバランスを取ることは難しいでしょう。さらに、他部署からの依頼がしばしば発生し、自分のペースで仕事をするのが難しいかもしれません」

　採用担当者が、残業が多いと明言する状況は「伝えておかないと、後で揉めると困るし、すぐ辞められても困る」ということなので、覚悟が必要なレベルです。

　それでも得るものが多い、例えば「履歴書にこの会社の名前がどうしてもほしい」「競合よりかなり優れた企業で勉強したい」といった動機があるなら入社するもよしです。

　ワークライフバランスが重要なら辞退しましょう。マイペースを崩されるのが苦手な方は、やめておいたほうがよいでしょう。

期待される成果について

> **What are the short-term and long-term deliverables that this position is to attain?**
> このポジションに求められる成果を、短期と長期に分けて教えてくださいますか？

　このポジションで何を達成すれば高く評価されるのかを知りたい場合に有効です。

　セールス、マーケティング、経営企画、開発など、商品を売ることに近い仕事をされている方向きです。管理部門の場合は、管理職でないと該当しない場合が多いです。

➡ A good sign   The short-term deliverable is to take over the book of clients and to meet with each of them so as to introduce oneself, find out about their present needs, and possibly take new orders. The long-term deliverable would be to increase sales by 10% in the first twelve months.

➡ よい兆し   「短期的には、顧客リストに載っているお客様と個別でお目にかかり、自己紹介を兼ねて現在のニーズを伺って、可能であれば新しい受注をいただけることが望ましい成果です。長期的には、最初の12か月で売上げを10%増加することです」

　成果物から逆算して、自分が何をすればよいのかが明確でわかりやすい回答です。また、求められている成果も現実的と言えるので、不安が少ないと言えます。

➡ A warning sign   "The short-term and long-term deliverables"? They are the same thing, and that is to boost sales as much as possible.

➡ 要チェック   「短期と長期の成果？　うーん、必要なのは売上げを可能な限り上げることだよ」

　急に聞かれて、答えられなかったのかもしれませんが、採用担当者がそれなりのポジションに就いている人なら、この質問に答えられないのは非常に不思議です。
　会社の方針など大きなビジョンを気にかけることなく、割と目先を見て仕事をしている印象です。

業績評価について

> ### What metrics do you use to measure success?
> 業績評価はどのような指標を用いて行われるのでしょうか？

　通常、面接ではあまり聞かないことかもしれませんが、これまでに業績評価がフェアでないからという理由で転職することになった方や、評価方法が難しい仕事に就いている場合は、聞いておくことをお勧めします。

➡ A good sign　We use two metrics: how many products you have sold as an individual on a yearly basis, and how that measures up to your stated goals. Second metrics is how your team attained sales goal on a monthly, quarterly and yearly basis.

➡ よい兆し　「業績評価の指標は2つあります。まずは個人として、年次の売上げが目標を達成できたかです。もう1つは、部下を含めチームとして、月次・四半期・年次の売上げ目標をクリアできたかです」

　個人としては年間の売上げですが、リーダーをしているチームの売上げについては月次・四半期・年次と細かく測定されるとのこと。つまりはマネジメント力が大事なことが事前にわかり、大きな収穫と言えます。

➡ A warning sign　We compare sales figures of team members weekly.

➡ 要チェック　「チームメンバーの売上げを毎週比較します」

　売上げを毎週、他者と比較するのは、外資系にそぐわない根性営業のようですし、随分、短期志向で企業文化そのものが疑問です。

3 競合についての質問

最大の競合について

> Which competitor presents the strongest challenge?
> I looked for information, but could not figure it out.
> 最大のライバル企業はどちらになりますか？ 情報を探してみたの
> ですが、見つけられませんでした。

　これは、なかなか鋭い質問です。当然、HPは確認したけれど、最大
のライバルとなると、どの企業になるのかわからないので知りたいとい
う流れで、よく勉強しているような印象を残せます。
　ただし、最大のライバルが明らかであれば、そんなことも知らないの
かと逆効果になります。業界の状況によって使い分けてください。

➡ A good sign　Company X presents the biggest challenge to us
because it's engineering team is comprised of industry-leading
professionals with strong experience. In addition, X has an excellent
marketing team which organizes promotional events that attract
media attention and draw potential customers as visitors. That is why
we need a talent like you.

➡ よい兆し　「業界をリードする経験豊かなエンジニアを集めているX社
が最大のライバルです。X社はマーケティングチームも優秀で、PRイベント
を開催してメディアの注目を集め、潜在顧客を引き寄せるのが得意です。そ
んな状況だからこそ、あなたのような人材に入社していただきたいのです」

　当然ながら業界研究をしていること、状況を率直に候補者に伝えられ
るところが好印象です。

➡ A warning sign　Company X is our biggest competitor.
➡ 要チェック　「最大のライバルはX社です」

ライバルである理由を伝えてくれないのは不思議です。面接で説明を曖昧に感じたところは他にもありませんでしたか？

面接官が未来の上司の場合、"Why is Company X your biggest competitor?（理由を教えていただけますでしょうか？）"と聞いてみて、レベルと器を確認したほうがいいかもしれません。

競争を生き残る戦略について

> **What is your strategy to beat the competition?**
> 競争を勝ち抜くためにどんな戦略をお持ちですか？

セールスやマーケティング、経営企画、開発に従事する候補者であれば、「すでにそこまで考えているのか」と採用担当者に好印象を残せます。それ以外の部門の候補者の場合、「セールスやマーケティングを意識できる」候補者だと思ってもらえます。

ただし、この質問をするときは、会社の売上げ規模や主力製品くらいは確認しておきましょう。万が一、逆に関連する内容を聞かれたときにまったく答えられない状況は避けたいからです。

➡ A good sign　We set aside a substantial budget for recruiting and market research. In the first place, we try to attract and hire the best talent as we realize that human capital is our greatest asset. In the second place, we stress timely market surveys so as to be informed of what the consumers are looking for at any given time. We believe that staying sensitive to market trends is the key to beating the competition.

221

➡ よい兆し 「弊社では、採用とマーケットリサーチにかなりの予算を割いています。人材こそ会社の最大の財産だと理解しており、ベストタレントを採用することに力を注いでいます。次に、消費者が何を求めているかを常に知るために、タイムリーな市場調査を重視しています。我々は、市場動向に常に敏感であることこそが、競争に打ち勝つ鍵だと信じています」

この質問に瞬時に答えられたら素晴らしいと思います。日々、売上げを意識していることの表れです。戦略思考であることもうかがえます。

➡ A warning sign We can't disclose that to you. You may end up with working for one of our competitors and share with them what I tell you. Well, what would you propose?

➡ 要チェック 「戦略を候補者に明かすことはできません。最終的にあなたが競合他社に入社し、私が話したことを先方に教えるかもしれないですからね。あなたはどんな戦略をお持ちですか？」

確かに戦略は機密事項ではありますが、触りくらいは話せるはずなので、ここまで頑なに戦略について話すことを拒否するのは疑問です。候補者に水を向けて質問返しをしてきた場合は、その人には「答えられない」可能性が高いです。

第**9**章

面接後に
すべきこと

お礼メールを本命企業に送る

　面接後、本命企業にすべきなのは「お礼」メールを送ることです。

　候補者の真剣度をアピールするメールなので、採用されなくてもよいと思っている企業には送らないほうが無難です。

　先方が真剣度を勘違いして採用に熱が入り、内定が出てから辞退しづらくなるなどの弊害が出るからです。

・メールを出すタイミング

　熱意を示すことが肝心なので、その日のうちか、遅くても翌日には出さないと機を逸します。

・誰あてに出すのか

　複数の人物と面接をした場合も、アドレスがわかるのであれば個人あてにそれぞれメールを書きます。CCなどで大勢に出されているメールには注意が集まらず、読まれずに素通りされてしまうかもしれないからです。

・内容は短く

　あくまで、面接していただいたことに対するお礼で、短いメールが好まれます。面接で話せなかったこと、例えば聞かれたときに即答できなかった強みなどを新たに持ち出すのはNGです。

　理由は2つあります。

　a）自分をアサーティブにPRできる力を試すのが外資の面接。そこ

で主張できなかったことを後から話しても仕方ない

　b）候補者からの長いメールを読むことが物理的に難しいです。

・返信は期待しない

　メールへの返信は期待しないでください。「返信がないイコール面接
に落ちた」ではありませんので、安心してください。候補者が複数いる場
合、すべてのプロセスで丁寧にフォローできない可能性があるだけです。

　メールで質問をするのは、このタイミングではふさわしくありません。
あくまでお礼なので、先方が返信しないといけない状況を作らないよう
にしましょう。

　面接は質問するための場でもあるので、どうしても聞きたいことがあ
れば事前に考えておいて面接の場で聞くようにしましょう。

　あらかじめ伝えておかないと答えられないような内容の質問は、転職
エージェントに伝えておいてタイミングを見て聞いてもらうか、直接や
り取りしている場合は、次の面接まで待ちましょう。

　以下は、お礼のメール文の例です。

Dear Mr. Aoki,

Thank you for interviewing me for the position of sales assistant
today. I learned a lot about the position and am eager to take the
challenge. I am confident my experience and skills would make me a
strong candidate for the position.

I look forward to hearing from you soon.
Best regards,

Saki Tanaka

青木様

本日は面接の機会を頂戴しありがとうございました。ポジションについて多く学ぶことができ、ぜひチャレンジしたいと思っております。これまでの経験とスキルを活かし、必ずや御社のお役に立てると信じております。

どうぞよろしくお願いいたします。

田中　咲

返事はどのくらいで届く？

　面接後、結果を待つ身は辛いですが、合否の連絡が来るのに1〜2週間くらいかかります。

　理由は、他にも候補者がいて一斉に面接できるとも限らないので、全員の面接が終わるのを待つからです。

　2週間以上音沙汰がないのは、あまりよい兆候ではありません。ゴールデンウイークが間に入ったり、最終決定権を持つ外国人駐在員が夏休みを取る8月やクリスマス休暇を取る12月は、ほとんど案件は動かないので、さらに長い期間待つことになります。

　2週間経っても合否が届かないときは、転職エージェントに状況を聞いてもらうのがよいでしょう。

　転職エージェントは、候補者が聞いているというアプローチはしないので、任せて大丈夫です。会社と直接やり取りしているのであれば、待つことをお勧めします。焦って催促しているように聞こえると、候補者にとってプラスにはなりません。

1 内定をめぐる駆け引き

　理想の状態は同時に2社、もしくは3社から内定（以降、「オファー」と言います）をもらえるのが理想です。自分の価値が上がり、給与などの交渉がしやすいからです。

　オファーには3日以内くらいに返事をすることになるため、複数のオファーを持っている候補者は短期間で決定しなければなりません。それぞれの会社の条件に長所と短所があり、迷いが生じやすくなります。

ここで立ち戻りたいのは、今回の転職を何のためにしているのか、価値観の優先順位の再確認です。

　「年収」「やりがい」「マネジメント経験」「学校に通いたいので残業が少ないこと」など、転職の理由は様々ですが、最も重要な要素が何であるかを思い出せば、揺らぐことはないはずです。

　例えば3社からオファーが出たとします。

　A社、名前のある企業で年収は上がりますが、自分が本来したい仕事と少しズレがあります。

　B社、日本に進出したばかりの企業で、任せてもらえるのでやりがいがあり、経験値を短期間で上げられそうです。年収は希望の線ギリギリです。

　C社、日本法人に35年の歴史があり、合併を繰り返してきました。自分がやりたい仕事ができるポジションです。しかし、年収は希望の線に達していません。

　上記の3社のどれを選ぶかは、ひとえに候補者の価値観の優先順位によります。

　年収ならA社、やりがいならB社かC社、より外資的な社風を求めるならB社でしょう。どの選択が良い悪いではなく、このタイミングでどの選択をすべきかは、転職理由に立ち戻れば明らかになります。

　価値観の振り返りを忘れると、目移りしてどの会社を選べばよいか迷うことになりますので忘れないでください。

　オファーが出るタイミングは、なかなか自分の思い通りにはなりません。3社と話が進んでいる中、1社だけ早めにオファーが出そうというケースはよくあります。

　できれば、他の2社のオファーも見たいと思うかもしれません。また、

オファーが出た会社が第一志望でない場合は断らないでつないでおき、他の会社からオファーが出るまでの時間稼ぎが必要になります。

オファーを承諾するかどうか、会社サイドに伝える締め切りを先に延ばす方法をお教えします。

2 職場を見せてもらう

オフィスのレイアウトには企業文化が如実に現れるので、「自分が働く場所になるオフィスを見せていただきたい」とお願いするのはおかしくありません。

私は勤めていた時代、内定が確定する前でも、面接がずっと会議室で行われていてオフィスの様子がわからない場合、職場を見せてもらっていました。

外資寄りの企業文化が自分には合っていると自覚していたので、企業文化を見極める1つの材料にしていました。

パーティションで区切られた外資スタイルのオフィスなのか、島型のオフィスなのかでは、企業文化はだいぶ違います。もちろん島型のほうがコミュニケーションが密に取れるなどメリットも大きいのでしょうが、ここは個人の好みで、良し悪しはありません。

この頃はオープンスペースのオフィスも多いです。働いている皆さんの様子を見渡せば、ひと目で企業文化が掴めるでしょう。

3 一緒に働く人に会わせてもらう

上司になる人や、さらに上の役職の人達と面接してきたとすれば、同僚がどんな人なのか気になるのは当然です。

「同じ部の同僚になる人に会いたい」「部下になる人に会いたい」とリクエストして、ミーティングを少し先に設定することで時間が稼げます。

実際にこの企業に入社することになった場合、一度同僚や部下と顔を

合わせていることは本人にプラスに働くので無駄ではありません。

　候補者を同僚に会わせることは、会社側が意図的に行う場合もあります。人事のマネジャーだった頃、ある企業での面接で人事部長と同僚になる1人と会ったことがあります。

　最初は、上司にあたる人とだけ面接することが多いので不思議でした。入社してみたら同僚は他にも3人いました。彼女が選ばれたのは、最古参で会社のことがよくわかっており、私がその会社にフィットしそうかどうかの相性を同僚目線から判断できると思ったからのようでした。

　上記の方法で1週間ほど時間を稼ぎ、その間に、他の会社とのプロセスを急いで進めてもらいます。

　すでにオファーが出そうな会社、もしくはオファーが出た会社があることは、候補者の価値を高めますので、通常であれば先方も早く動いてくれます。

　うまく歯車が噛み合わずオファーが最終的に出揃わない場合、最初のオファーを取るのか、それとも諦めて次を待つのかは、先ほど述べたように候補者の価値観と、どのくらい現職を離れることを急いでいるかによります。

　いずれにしても、メリット・デメリットを書き出すなど冷静な判断が求められます。

第**10**章

企業文化の
見極め方

　「面接」と聞くと、採用する側の会社が一方的に候補者を品定めするように思う方もいるでしょう。

　実際は、双方向で相性を見定める絶好の機会です。

　面接で緊張しすぎると、候補者自身の採用担当者を判断するメガネが曇るのでもったいないです。面接官の態度や会社の企業文化、オフィスの雰囲気など、候補者としてチェックしたいポイントはたくさんあります。

　一次面接官は本来、その企業を代表する「顔」ですが、実際にはよりよい印象を与えたり、企業の姿勢を疑うような悪印象だったりすることもあります。

　自分の中で、転職にあたっての価値観の優先順位が明確でないと、優秀そうで感じもよい面接官が出てくると、企業自体も素晴らしいような錯覚に陥ります。

　冷静になってください。

　その方は、上司になる人でしょうか？

　ある規模以上の会社の１次面接官は、人事の担当者であることが多いです。自分が人事部門に応募しているのでなければ、入社と同時に無関係の部署になるわけです。その人に影響されるのは危険です。

　あるとき、知り合いが一次面接後にメールをくれたことがあります。

　「一次面接官がビジョンを明確に持っている方で、その想いに共感した私は惹かれてしまい、もうここに決めようと思いかけました。しかしよく考えると直属の上司になる人ではないので、この思考は危険だと気がつきました」というのがメールの内容です。落とし穴に落ちなくてよかったです。

もちろん逆もありえます。一次面接官に圧迫面接をされて、非常に嫌な思いをしたとします。

その方が自分の上司になる人であれば、直感を信じて採用プロセスをやめたほうがいいかもしれません。でも未来の上司でない場合は、もう少し大勢に会って様子を見ないと、企業文化を判断するには早いかもしれません。

緊張するタイプの方は、面接であがりすぎて判断のメガネが曇らないように、想定質問を考えておくのがお勧めです。

② 企業の規模によって変わる企業文化

一口に外資と言っても、企業文化は、規模によってだいぶ変わります。ここでは、社員数が３人、200人、1,500人の会社で、何がどう変わるかをわかりやすく説明するために、文具の手配という仕事を例にとって企業文化の違いについて紹介します。

まずは社員数３人の会社の例です。私はGE時代の大先輩と３人で米系企業のアジア・パシフィックの本部を立ち上げたことがあります。社員番号３番、アジア・パシフィックのCEOと、人事の責任者である上司と人事のスペシャリストの私という構成です。

ここでは、すべての庶務が私の仕事になりました。前職ですでに部下持ちだった私は「なんで私がやらないといけないんだろう」と正直思ってしまう仕事もありました。

それでも、時給の高い２人に最大限の成果を出してもらうためには、私がやるしかありません。プライドを捨てて、自分が拾える球はすべて拾うつもりで、細かい仕事もしていました。

小さな企業での醍醐味は、会社全体が見えることです。アジア・パシフィックというダイナミックな組織での意思決定が、どのようになされ

るかを 2 人のそばで勉強することができました。

　例えばペルーに自宅を持ち、その家を処分したくないアメリカ人をかなり高い役職で雇う場合、ペルーの自宅の維持費を会社が持つのかどうかなど、当時の私の立場では知りえない判断を目の当たりにすることができました。

　規模の小さい企業では、職務範囲にこだわらない柔軟性が求められます。自分に最終決定権がなくても、会社全体を見渡すことが可能です。

　次に、社員数200名の例です。まだ総務部は存在しない規模です。他部署の責任者たちに「文具を含む備品を人事がまとめて買ってくれないか」と、頼まれました。

　本来、人事部の仕事ではないので、部下たちのことを考えると簡単には引き受けられません。しかし、一括で買うとコストが下がるのは明らかなので、会社に貢献できる機会を自らが見逃すわけにいかず悩みました。このときは、人事のスタッフに事情を説明して引き受けてもらいました。

　社員数200名の会社では、私は、まだほとんどの社員の顔と名前がわかる状態でした。社内で起こっていることで、人事に関係する情報は、自分が直接か、または部下を通して把握できていました。

　中規模の企業では、「職務範囲」に固執できない追加の仕事が出てくる可能性はあります。それでも、人数が増えた分、解決策に選択肢が増えますし、「組織の歯車である」という感覚を持たないで済むでしょう。

　次に、社員1,500名の企業の例です。購買部があります。外部業者と価格交渉できる専門家もいます。人事の人は、これらの仕事に関与する必要がなく、本来の「職務範囲」以外の仕事をすることがなくなりました。

とてもスムーズで、有難いほど楽です。仕事のスケールも、社員数が多いと予算額が増えるので、大きなことを手がけられるようになり、その点は楽しかったです。

その一方、1,500名の顔と名前を一致させることは不可能でした。社長と、その直属の部下（本部長）、その下の階層の方々しか、名前を覚えられなくなりました。自分の耳に届いていない人事に関する情報が出てくるようになり、組織の大きさを痛感させられました。自分が大きな組織の「歯車」になったという感覚がありました。

企業の規模が大きくなると、「職務範囲」を守る仕事のやり方に変わります。一方、組織の「歯車」であるという感覚が強くなるでしょう。

皆さんは、どんな環境を望んでいますか？　会社の規模によって、企業文化はだいぶ変わります。面接に行く際には、その点も注意しましょう。

3　成熟度によっても変わる企業文化

企業には成長段階があります。創業期・成長期・成熟期によって、求められるスピードは違います。皆さんは、どのステージの企業を選ぶと、輝きながら成功することができるでしょうか？

創業期に求められる人材は、「メンタルがタフ、アイディア豊富、変化に対応できる柔軟性を持つ、職務範囲にこだわらない、長時間労働になる可能性を理解している」です。

成長期に求められる人材は、「会社のビジョンを理解できる、速いスピードで仕事ができる、走りながら考えて結果を出しつつプロセスも作れる」人材です。

成熟期に求められる人材は、「安定している、ルーティンの仕事を着実にこなせる、継続力がある、どちらかというとメンテナンスが得意である」になります。

　具体例を見てみましょう。
　まず、「創業期」です。233ページで、３人で米系企業のアジア・パシフィックの本部を立ち上げた話をしました。３人しか社員がいない企業で、他の２人の役職が圧倒的に上なので、とにかく自分ができる仕事をどんどん片付ける必要がありました。
　「こんなに細かい仕事を……」と思う瞬間があったとしても、立ち止まったら会社が動いていかないのです。

　「成長期」については、あるIT企業で500人の社員を１年で750人にすることになりました。
　250人のIT関連人材を採用するには、会社の立地がよければその10倍の2,500枚の履歴書、会社の立地が悪く候補者にとって魅力的でなければ、15倍の3,750枚の履歴書が必要になるので、採用チームは本当に大忙しでした。
　仕事をこなす「スピード」が重要ですし、途中で疲れて気持ちが折れないためには、会社の方向性を理解し、サポートしようとするマインドが必要でした。本当によく働いていましたが、会社が成長しているという実感があり、金曜日の夜には、お疲れ様会を開催して大盛り上がりするなど、楽しい仕事でした。

　現代は、会社の成長ステージに関係なく変革心が求められる時代ですが、「成熟期」のステージに達した会社では変化を好まない人材が多くなる傾向にあります。
　すでに作られたプロセスやルールがあるので、それを踏襲していればとりあえず日々の業務は回るので、新しいことに果敢にチャレンジでき

る社員の比率は下がります。

　新しいことをどうしてもやりたい人は、途中で転職するかもしれません。決められたことをきちんと遂行する能力が高く、信頼感・安定感に秀でている人が多いです。

　成熟期に達した外資系は、企業文化が日本的になるかもしれません。日本市場で認知もされていて、社長は日本人である可能性が高く、「根回し」「飲みニケーション」「会議が多い」など日本的な特徴が比較的多く見られます。

　会社の成熟度によっても求められる人材は違うことを理解して、自分に合った会社を選びましょう。

4　企業が人材に求めるスピードは落とし穴

　転職をするときに、転職先が求める「スピード」を考える方は、ほとんどいないかもしれません。同じ業界で転職する場合は変化しませんが、異業種への転職の場合、見落とすと致命的になるかもしれない要素です。

　企業が人材に求めるスピードは、その企業の商品開発サイクルとモノづくりをしているかどうかに大きく左右されます。

　例えば、スピードが速いのは、IT、証券会社、コンサルティング、スタートアップ企業、ベンチャー企業です。ITは、ハード、ソフトのどちらを扱っていても競争が激しく、新しい商品の市場投入サイクルが速いので、自然とスピードは速くなります。

　証券会社は、市場の動きに連動して仕事をしている部署がほとんどなので、求められる仕事のスピードは速くなります。スタートアップ企業やベンチャー企業は、のんびりしていたら企業そのものが立ち上がりませんし、競争に負けてしまうので、日々速いスピードで切磋琢磨するこ

とになります。

　一方、例えば製薬会社は、10年という長い時間をかけて慎重に新しい薬を開発しています。そもそも研究開発に膨大な時間がかかるうえに、薬の安全性を最優先するため認可のプロセスにも時間を要するので、商品開発のサイクルが非常に長くなります。
　求められる人材のタイプは「安定していて着実な仕事ができる」人で、スピード優先ではないのです。

　中間に位置するのが、モノづくりをしている会社です。モノを作って販売している企業は、新商品開発にあたり、製造・マーケティング・物流など関わる部署が多く、作業も多岐に渡るので、スピード勝負の姿勢で毎日仕事をするのは無理です。

　スピードに、良い悪いはありません。ただ、自分に合ったスピードの会社かどうかは、働きやすさにつながるので大事です。例として、私の元部下と、私自身の体験をお話しします。

　まずは、生まれ持ったスピードが「ゆっくり」の人が、求められるスピードが速い企業に勤めたときの例です。
　あるIT企業に勤めていたとき、私の部下の1人に、よい人で仕事もできるけれど、スピードがゆっくりという人材がいました。米系のIT企業なので、それはそれは速いスピードで物事が動いていましたが、彼は、どっしりとのんびり構えていました。
　たまに、非常に忙しいとき、とてもゆっくり話しかけられることがありました。喉まで「もう少し、早く話してもらえないかな。今、すごく忙しいの」と出かかりましたが、その方の個性なので、仕方ないとぐっとこらえていました。
　他の部署の部門長からも、彼のスピードのことを指摘されることはあり、そのときは自分の部下なので守っていました。

　1年後に彼は、転職することになったのです。外資の大手には、Exit Interview（退職インタビュー）という制度があり、退職する方になぜ辞めるのかを聞くのですが、彼の転職理由は「スピードについていけないから、メーカーに戻る」でした。

　次に私の例です。私が持って生まれたスピードは、かなり速いと思います。GE、モルガンスタンレー、米系IT企業に2回勤務し、スピードの速い企業で仕事をすることを楽しみました。

　一度だけ、米系の製薬会社に転職したことがありました。日々の職場の動きをとてもゆっくりだと感じ、その点は苦痛でした。よい会社でしたが、「スピード」という要素において、私はまったく合っていなかったと思います（昨今M&Aが多い業界ですし、製薬会社が楽だったという意味ではありません）。

　転職をするときは、応募先の企業が求める「スピード」を確認することをお勧めします

5　ポジションが置かれた状況を把握する

　外資の企業文化は「規模」「成長過程」「スピード」によって異なると、お伝えしましたが、最近の外資では、面接の際に個々のポジションの置かれた状況をできるだけ正確に把握することが大切です。変化も競争も激しいこの時代に、組織は以前ほど単純ではないからです。

　例えば、1,000名規模のIT企業が成長期にあり、新しいサービスを立ち上げるためにAIを既製品に応用する事業部を立ち上げようとしているとします。それぞれの部が独立採算で黒字を目指しているので、専任の経理が必要で採用しようとしています。

　このケースでは、IT企業として「スピードが早い、ビジョンを理解

できて成長意欲が高い」人材が求められています。

　自分が属する部署（AI製品を作る）も、最先端の技術を使って立ち上げをしているので「スピードが早い、情熱とアイディアや企画力が強み」である人材が集められている可能性が高いです。

　本来、経理の仕事は、着実に数字の流れを押えることが大事で、スピードをあまり問われない安定した仕事のはずです。しかし、この求人では、会社も部署もスピードが早いので、速めに仕事をすることが求められる可能性が高くなります。

　きちんと着実に仕事をしたい経理の自分が、スピードを追い求めている状況でやっていけるか、やりがいを感じられるか、ということはよく考えたほうがよいです。

　外資系の構造は、以前より複雑です。

　「規模」「成長段階」「スピード」の軸を、応募先の「企業」「属する部」「自分のポジション」ごとに当てはめて確認し、総合的に自分との相性を見極めましょう。

6　情報収集のための3つの方法

1　人脈を使う

　45歳くらいから、「人脈」が仕事力に影響するようになると、機会があるたびにお伝えしています。

　転職の際、最も頼りになるのは人脈かもしれません。初めての業界に飛び込む前に、すでにその業界で働いている方の話を聞く、もしくは面接先の企業に現職で勤務している方とお目にかかるのが理想です。

　人は今までの経験の延長線上で考えがちですが、それぞれの企業が持つスピードや業界独特の慣例など、思いもつかない要素が結構あるから

です。

　私の失敗談を披露すると、スピードが速い会社からスピードがゆっくりな会社に転職する際、この転職で劇的にスピードが変化すると気がつかず、入社してから空回りするという経験をしました。

　初めての業界なのに、誰にもヒヤリングしなかったことが悔やまれます。

　初めての業界への転職をする場合は、以下の方法で話を聞ける人を探したいところです。

▶その業界に勤めている友人、知人がいないか考える

　転職活動をしているときは、仕事を探していることが知られて広まるのではないかと内向きになりがちです。しかし過去の経験から、信頼できる友人・知人には話したほうがいいと思います。

　心からの「助言」をしてくれるのは、本当に親しい人だけです。耳が痛いことを言われるかもしれませんが、貴重なアドバイスを受け止められる度量も、転職を成功させるために必要な要素です。

　人はそれぞれに違う人脈を持っているので、なんとか業界に勤めている人を探せる可能性も高くなります。あなたが20代なら、親が持つ人脈の中に自分が知りたい業界の情報を持っている人がいることもあります。

▶業界の勉強会に参加して話を聞けそうな人を探す

　世の中には異業種交流会が星の数ほどあり、クオリティは千差万別ですが、スピーカーを魅力的に思うかなど、自分なりの指標で選別して参加することをお勧めします。

　同じテーマに興味ある人が集まっているので、社交的に振る舞えれば、ネットワークが広がります。

　こうしたネットワークは、転職のときだけでなく異動で仕事の内容が変わったときにも使えます。

知り合いが広報に抜擢されたことがありました。仕事は楽しいのですが、経験がまったくないためわからないことばかり。このままではいけないと「優秀な広報になるために必要なこと」セミナーに参加し、すでに広報の仕事をしている人たちとつながり、助けてもらっているそうです。

勉強会は知識習得の場として使うだけでなく、人脈を広げるための手段としても有効な方法です。

2　ネットで調べる

▶企業のホームページ（HP）

面接前に必ずチェックしたいのが企業のHPです。上場企業であれば、売上げ推移など財務状況がわかります。未上場企業でも、会社の使命、力を入れているところ、セールスポイントなどがよくわかります。

上記以外でHPのチェックすべきポイントは下記になります。

【歴史】

日本に進出してから長い企業の場合、合併を何回かしていることがあります。ビジネス的には強みを増やすために行われたことですが、企業文化的には海外と日本の文化が融合できずコミュニケーションがいまだにスムーズでなかったり、大多数を占める元日本企業のカラーが強い可能性はあります。純粋な外資を希望する候補者とは合わない可能性があるため事前に確認しましょう。

【役員】

外資で本社に1人も女性役員がいない企業は、女性が働きやすい環境ではないかもしれません。これは、会社員時代の私の必須チェックポイントでした。

【Mission Statement（使命ステートメント）】

　会社が向かいたい方向、ありたい姿が描かれています。共鳴できる内容かどうか確かめると同時に、本命企業での面接は、質問への返答でMission Statementを引き合いに出せるくらいにしておきたいものです。

　HPについては上記以外も、もちろん読んでおいたほうがいいです。
　ここで気をつけたいのは、売上げ以外の部分は100%現実を反映していないかもしれないので、前項で述べた「実際に勤務している人に話を聞く」ことを忘れないようにしてください。

　例えば、Mission Statementに、「グローバル」「多様性」という言葉が並んでいたとしても、管理職の99%は男性ということはありえます。
　以前、管理職研修に2回行って、どの回も参加者の100%が男性で驚いたことがあります。企業のMission Statementにも「多様性」が並んでいました。Mission Statementは、企業の理想像を表しているもので、必ずしも現実を表していないことは理解しておいたほうが無難です。

▶社員による会社評価サイト

　応募している企業の現職社員で詳しく聞ける人を探せない場合、社員によるクチコミサイトを参考にする手があります。
　例えば、オープンワーク（http://vorkers.com）では、ある企業について現職、退社した社員が「待遇面の満足度、人事評価の適正感、人材の長期育成、風通しのよさ」などの指標に点数をつけてその平均がグラフ化されています。
　「入社理由と入社後ギャップ」「女性の働きやすさ」「企業の分析（強み・弱み・展望）」などリアルなコメントも書き込まれていて参考になります。著名な企業の場合、何百という単位でメッセージが寄せられているので、平均値はかなり正確に企業の実像を表していると言えるでしょう。
　もしサイト上のコメント数が少ない場合は、どのくらい客観的かを冷静に判断する必要があります。

3　書籍を読む

　旬な企業であれば、その企業の卒業生が執筆している書籍を読むことも有効です。ネットの情報と比較して、書籍の内容が優っているのは信頼性です。

　活字になっても、時とともに流れていくネットでの情報に比べ、書籍は明らかに残るので迂闊な情報を載せられないという特徴があるからです。

　すでに卒業した人が著者の場合、常識の線は守りながらも意外に知られていない一面が出てくる可能性があるので、一読に値します。

　逆に気をつけなければいけないのは、発行年です。時代の進歩が著しい世の中なので、企業研究をするのであれば、最近発刊された書籍でないと実態を反映してない内容になっているリスクもあります。

おわりに

この本を読んでいただき、ありがとうございました。

転職活動に成功することは、採用担当者の目線に立てば、想像するよりは楽なことだとご理解いただけましたでしょうか。

英文履歴書を書くときには、Eメールの受信箱に「履歴書送付」の件名ばかりが並ぶ忙しい採用担当者を思い描き、どうすれば自分を目立たせることができるかを考えてください。

面接のときには自分が話したい内容をしゃべるのではなく、採用担当者にどう伝えれば興味を持ってもらえるか、高く評価してもらえるかを最優先にして話すのです。

採用担当者の目線で考えることができれば、外資系への転職活動は難しくありません。

この本の執筆にあたり力を貸してくれた著者仲間の稲葉崇志さん、間野由利子さん、吉野邦昭さん、和田徹さんに感謝いたします。

最後に、日本実業出版社編集部の安村さん、時間がかかる英語でのレイアウト編集、本当にありがとうございました。

そしてこの本を手に取り、応援してくださるあなたに心から感謝します。皆さんが、この本で得た知識を活かして希望の会社に転職できるよう心から願っています。

鈴木美加子